散文系列

舞台下的评说

WUTAIXIA DE
PINGSHUO

梁小民◎著

中国社会科学出版社

图书在版编目（CIP）数据

舞台下的评说/梁小民著 · —北京：中国社会科学出版社，
2010.1
（梁小民经济散文系列）
ISBN 978-7-5004-8428-8

Ⅰ.①舞… Ⅱ.①梁… Ⅲ.①经济学－文集 Ⅳ.①F0-53

中国版本图书馆 CIP 数据核字（2009）第 231420 号

责任编辑　杨晓芳
责任校对　李小冰
封面设计　李尘工作室
技术编辑　戴　宽

出版发行　中国社会科学出版社
社　　址　北京鼓楼西大街甲 158 号　　邮　编　100720
电　　话　010－84029450（邮购）
网　　址　http：//www.csspw.cn
经　　销　新华书店
印刷装订　三河君旺印刷厂
版　　次　2010 年 1 月第 1 版　　印　次　2010 年 1 月第 1 次印刷
开　　本　710×1000　1/16
印　　张　18
字　　数　218 千字
定　　价　28.00 元

自　序

世界是个大舞台，各色人等在这个舞台上演出着不同的悲喜剧，不过主旋律还是经济。我已经退休六年，也早已经离开了这个舞台。不过作为一个看客还在兴趣盎然地观看各种演出。看得多了，便有一些想法，于是就有了这本集子。

尽管我早已不演出了，但看戏也难免有心潮澎湃的时候。我们这些年过六旬的人，有幸赶上了这个伟大的时代。回顾这些年的经历，深感这是一个中国历史转型的年代，也是一个辉煌的时代。辉煌的时代有大喜亦有大悲。退下来，不去演出了，看别人演出，似乎更冷静了一点，客观了一点。总希望舞台上的演出更为精彩，所以，想把各种想法写出来，供演出者参考。

我的观剧感想包括了四部分。"看宏观"是对宏观经济形势与政策的一些评论与分析。我不是宏观政策的制定者或参与者。对全局还是缺乏了解的，仅从自己的个人角度去领悟各种问题。每个人都有自己的角度，不同的个人综合起来，就是整体的认识，个人的看法也许有偏颇之处，但说出来与大家交流，如能引发别人的一点思考，也就有用了。"看事件"是对一些事件的评论，因为自己属于百姓中的一员，所以关注的，无非是各种或大或小的事情。这些事件都与我们息息相关。"看历史"是对过去的思考，主要还是围绕我感兴趣的商帮文化问题。"看书"是一些长短不等的书评，退下来以后看书成了我生活的主要内容之一。看到好书总想向朋友推荐一下，我知道，正在演出的人很少有闲工夫读书，但愿我的书评能为他们的阅读提供一点参考。

把这些感想写成文章并集为一本书，是为了舞台上的演出更精彩。"众人拾柴火焰高"，我这也算是给舞台的演出拾一点柴吧。

这些文章主要是今年发表的，也有去年写、今年仍未过时的。我发表文章的几个主要阵地是《周末画报》、《北京晚报》、《中国新闻周刊》、《上海书评》。感谢这几位刊物的编辑林梓芳女士、吴楠先生、陈晓萍女士、张明扬先生。特别感谢我的读者，因为有他们支持，我才能退而不休。

2009 年 11 月 10 日怀柔陋室

▶目　录◀

看事件

看历史

看 书

看宏观

当夏天来临时，秋天还会远吗

2008 年，一场寒风席卷了神州大地，衰落的秋天来临了。企业倒闭、民工返乡，经济低迷。回顾一年前，还是一派繁荣的夏天，怎么不到几个月的时间，就发生了如此巨大之变化？有论者把这种变化归咎于外部环境，是来自境外的寒风——美国金融风暴，引发了这种突变。这场寒风的确有影响，但它充其量也只是"压倒骆驼的最后一根稻草"，真正给我们的经济雪上加霜，引起季节变化的还在我们这片大地上。

夏季的时间太长，也太热了，秋季的到来就是不可避免的。前些年的经济过热才是引起这次经济秋天的真正原因。经济过热的标准不是增长率的高低，而是潜在 GDP 与实际 GDP 的关系。潜在 GDP 是一个国家资源得到充分利用时能实现的 GDP，它表明一个经济的潜力。实际 GDP 是实际上所生产出来的

GDP。如果潜在 GDP 与实际 GDP 相等，表明一个经济的潜力得到了充分发挥，经济处于理想的正常运行状态。如果潜在 GDP 大于实际 GDP，经济潜力没有发挥出来，资源处于闲置状态，那就是经济紧缩。但如果潜在 GDP 小于实际 GDP，经济的发展超出了潜力，资源超利用，就会引发经济过热，判断中国经济是否过热，首先要确定中国的潜在 GDP，即中国增长的潜力有多大。

对于中国的潜在 GDP，向来众说纷纭。但我认为，还是政府的标准正确。温家宝总理在每年的"两会"上，都要提出增长率目标。这个目标根据的正是对潜在 GDP 的估算。这些年来，他提出的增长率目标从来没有超过 8%。2007 年尽管实际 GDP 增长率达到 11.7%，但他仍然把 2008 年的增长率确定为 8%。这表明中国的潜在 GDP 每年增长率是 8%。但实际增长率，从 2003 起就达到了 10% 以上，以后逐年递增，到 2008 年，达到超过潜在 GDP 近 50% 的 11.9%。这时连政府也认为经济是过热了。

经济是不是过热，还要看这种高于 10% 的增长率能否持续下去。有些经济学家预言，这种高增长率可以再维持十年，甚至二十年。可惜这只是一厢情愿。经济增长取决于总需求与总供给，即社会有需求，而生产能力又充分。但从现实中看，高速增长其实已没有了总需求与总供给的支撑。

先看总需求。拉动经济的总需求指消费、投资和出口"三驾马车"。中国的消费需求一向不足。当美国的消费占总需求的 68% 时，中国的这一比例仅为 50% 左右。而且，尽管我们一再强调启动消费市场，尤其是农村消费市场，但实际上总是"启"而不"动"。其根源在于经济增长过程中居民的收入差距不是在缩小，而是在扩大。如今基尼系数已达 0.496，而且有学者认为基尼系数每年约上升 0.01 个百分点。无论这些数字的准确性如何，收入差距扩大是一个不容否定的现实。经济学原理告诉我们，富人的消费倾向（收入中用于支出的比例）低，穷人的消费倾向高。贫富差距的扩大是消费增长慢的主要原因之一。凯恩斯早在《通论》中就注意到了这一问题。另一个原因是社会保障不完善，人们有钱也不敢用。这两个引起消费不足的背后原因是制度造成的。改变制度，提高消费水平并非一日之功。农民收入翻一番也要在 2020 年之后，那么，如何能在短期内增加消费？

过去我们的增长主要靠的是投资和出口，但投资和出口的增加也受到客观条件的限制。投资房地产与基础设施和城乡改造投资，在发展初期是拉动经济最主要的因素．但这种投资要受到土地资源的限制。这些年我们的房地产发展太快了，这就使以后很难按这一速度继续增长。另一种投资是企业固定投资。这种投资过去也相当快，甚至形成生产能力过剩。早在几年前，发改委就认定钢铁、汽车、家电等 12 个行业生产能力过剩达到 20%—25%。正因为投资过快，国家前几年的政策一直是控制投资过热。在经济发展初期，依靠低成本的出口拉动经济增长是发展中国家的共同规律。但缺乏核心技术和品牌的出口毕竟缺乏核心竞争力。在本国工资上升、汇率上升，国外反倾销加剧时，这种出口必然难以保持高增长。

三匹拉车的马都拉不动了，经济这辆车当然要减速。与总需求相对的是，总供给也难以增加了。一方面，在高速增长中，原材料价格一路上扬。国外有一句话是"中国卖什么，什么便宜；中国买什么，什么贵"。这买的东西主要是原材料，想想铁矿石、石油的价格上升，这些都是中国大宗进口的。原料价格上升到企业难以承受的程度，增长就无法维持原来的速度。另一方面是劳动力成本的上升，无论劳动力供给的"刘易斯拐点"是否出现,新劳动合同法有什么影响,劳动力成本的上升是一个不可否认的事实,或者说是一个不可抗拒的大趋势。当增长模式没有发生根本性变化时,仅仅靠投入的增加实现增长。迟早都会出现收益递减。而何时递减那仅仅是一个时间问题。

在 2007 年,中国的增长的确是达到了极限,那个"夏天"不平凡,经济的确太热了。当然这种过热也必然反映在许多方面。首先是通胀加剧,2007 年下半年到 2008 年上半年的物价上涨,正是经济过热的结果。流动性过剩和原材料价格上升都是经济过热的结果。而这两者正是通胀加剧的原因。其次是股市暴涨,有 1.3 亿人投身于股市,股市上升像脱缰的野马,其推动力也在于经济过热。第三是房价上涨,有些城市的房价甚至逼近或超过东京、纽约这些全世界房价最高的城市。这当然高得不正常。最后是人民币汇率上涨,达到了历史最高点。所有这些指标都超出了正常上升的情况,不是经济过热是什么?

经济不会像有些人希望的那样一直高速、稳定增长,总是在波浪起伏中前进的。长达十年的高速增长总会有结束的时候,无非是用什么方式结束。这正如自然界一样,夏季之后秋季和冬季肯定要来的。经济周期,繁荣与衰退的交替不是资本主义独有的规律,任何一种经济都是如此。我们的经济也没有理由可以例外。在规律面前,我们并没有特权。当经济高速增长时,我们就应该预料到有拐点,这不是神机妙算,是常识。

我们不否认国际金融危机的影响,但应对危机首先要从内部找原因。毛主席他老人家说过,内因是主要的,外因往往通过内因起作用。这句话也是我们分析当前经济问题的指南。夏天来临时,秋天便不会远了,记住这一点才能临危不惧,胸有成竹。

如何使用四万亿

中央拿出四万亿刺激经济，地方政府甚至计划拿出 18 万亿。无论最后拿出了多少钱，重要的在于如何使其有效率。

经济学家把钱的用法分为四种：为自己用自己的钱、为自己用别人的钱、为别人用自己的钱，以及为别人用别人的钱。其中效率最高的是为自己用自己的钱，效率最低的是为别人用别人的钱。财政支出就是为别人用别人的钱。在现代社会中，财政支出是不可缺的，所以就要研究用什么方法来提高为别人用别人的钱的效率。

提高用钱的效率要根据成本 - 收益原则。当然，从整个社会的角度看，这个收益就不仅仅是赚了多少钱，而是对整个社会长期的影响。这次支出的钱有些是为民生的，如补贴低收入者或建设保障性住房，投资的收益不好计算。但还有一些是用于基础设施投资的，成本－收益分析就极为重要。过去有些政府投资，如在一些并不发达的地方修机场或建磁悬浮列车，项目本身长期处于亏损状态，而且对当地经济没有什么明显的作用。这些政府支出的项目说得客气一点是为别人用别人的钱无效率，说得严重一点是官员搞"面子工程"、"形象工程"，浪费人民的血汗。即使这些工程在一定程度上可以保增长，也绝不能再搞。

这次政府支出的投资应该保证两个原则。一是保证能实现项目的收益大于成本，不能搞那些长期亏损，甚至要政府财政没完了补贴的项目。二是在长期中对经济发展有重要的促进作用。例如，建一条高速公路即使在相当时期内无法收回利润，但对当地经济发展有促进作用。当你用自己的钱投资时，没利的事情是不会做的。用政府的钱、人民的钱，也要有这种精神。当然这个"利"可以从广义来理解，包括直接赚的钱和间接的社会利益。

要保证为别人用别人的钱有效率还必须有相应的制度配合。制度决定人行为的方式，有什么制度引导，就有什么结果。为了保证政府财政支出有效，必须坚持两个重要制度。一是严格审批制度。上什么项目，不上什么项目，要进行科学论证，绝不能由官员拍脑袋说了算。在项目的审批上要建立严格的程序。各地上的项目要由中央进行统一协调。有些重大项目还应该由全国人大批准。二是对决策和执行的各级官员实行激励－约束机制，让他们用别人的钱时像用自己的钱一样负责。政府支出项目的效果可以作为官员的考核指标之一。对于作出错误决策，执行又不力的官员要给以严厉的处罚。毛泽东同志早就说过：贪污和浪费是极大的犯罪。绝不能"重"贪污，"轻"浪费。

全国人民都在关注四万亿如何支出，也都寄希望以用这些钱战胜经济困难。只有使官员在使用这些钱时和使用自己的钱一样负责，这四万亿才能真正起到应有的作用，迎来中国经济的另一个春天。

保增长的中心是保民生

2008 年的经济困境使得在短短几个月内，宏观经济政策发生了巨大的变化。年初，宏观调控是"双防"（防止经济过热和通胀），不久，变为"一保一控"（保增长，控物价），后来又明确改为"一保"（保增长）。但必须明确的是保增长不是为增长而增长，保增长要围绕一个更为基本的目标：民生。

在过去，我们把增长率作为经济最重要，甚至是唯一的目标，忘记了增长只是一种手段，我们的最终目标还是要实现整个社会福利水平的提高。盲目追求高增长率，造成在高速增长的同时，收益差距扩大、环境遭到破坏，资源消耗过快。增长之所以重要并不在于增长率有什么诱人之处，而在于它是社会福利提高、实现和谐的基础。离开了这个最终目标，增长本身并没有什么意义。

保增长之所以重要，就在于不保证一定的

增长率就无法避免更大规模的失业。但是，以保民生、保就业为中心来保增长与为保增长率而保增长还是有差别的，相应的，保增长的手段也有所不同。

经济中的各个部门对经济增长和就业的贡献不同。有些部门对增长率贡献大，但对就业的贡献就要小一些，如资本密集型的制造业部门；有些部门对增长率的贡献并不一定大，但对就业的贡献却要大些，如劳动密集型的制造业与劳务部门。我们以保就业为目标来促增长就是要扶植后一类部门的企业。在选择扶植的重点时，应该以就业而不是以增长率为目标。对于我们这样一个人口众多的大国，就业永远是难题，也永远是我们发展经济的目标。

经济衰退也往往是经济结构调整的最好时机。当经济增长快时，一些高能耗、高污染的企业也得到迅速发展。这些企业对民生的不利作用往往大于有利作用。它们大量消耗稀缺的资源，虽然有了短期的高增长，但并不利于长期的增长，它们所造成的污染，恶果往往是长期的，如钢铁、化工等行业的企业。对于这类企业，无论它们对增长多重要，都不能再扶植。它们活不下去，就让其自然死亡，活下来的也要限制其耗能和污染，促使其达标。

保就业、保民生涉及的绝不仅仅是增长。在这样的局势之下，政府不仅要用财政政策和货币政策保增长，而且，要从民生的角度来考虑问题。一是不仅要用财政支出保增长，而且要用财政支出来完善社会保障，尤其要对那些由于企业破产而失业的工人给予生活保障。政府增加的财政支出不能全用于保增长，还有一部分要用于社会保障。二是政府要加大保证再就业的支出。这种支出不是帮助企业，而是用于工人培训，提高工人的技能。与其保证他们低收入的工作岗位，不如使他们增强在高收入岗位就业的能力。从长远来看，这种做法对经济增长和效率的提高以及收入增长都是"一石三鸟"的。

在考虑当前的经济问题时，我们不要只盯住增长率，而应该从民生的角度来综合考虑。仅仅可以保增长，而不能保民生的事，还是少做为好。

别把"保八"的经念歪了

"**老**和尚的经是好的,但被小和尚念歪了。"这是老百姓在形容中央的政策被某些地方官员歪曲理解并执行时的一个比喻。不幸的是这次中央"保八"的经又被一些小和尚念歪了。

针对 2008 年至今的经济困难,中央的政策是"促内需、保增长、调结构"。目前的经济困难部分来自美国金融危机的冲击,2008年上半年出口减少近四分之一,"促内需"就是要把增长的动力放在国内的需求上。而且"促内需"也是我们长期增长的主要动力。我们这样一个大国,长期的稳定繁荣不可能仅仅依靠外需。现在我们的对外依赖率(进口＋出口/GDP)高达 60%。这种情况短期内还可以,但长期便很危险,早在这次经济困难之前,中央已看到了这种高对外依赖率的不稳定性,提出逐渐把对外依赖率降到 25%左右。"保增长"和"调结构"都是目标。这两种目标就是要实现高质量的增长，即不仅增长率要高，而且经济结构要合理，我们在保增长的同时，不能忘记调整失衡的经济结构。只有这两个目标都达到了，才能实现长期中的稳定增长。

但是到了地方，有些人就把这九个字的精神简化为"保八"，而且不惜一切手段去达到这一目标。这样做，也许短期可以"保八"，但在长期会引起更大的问题。

目前内需中最不足的是消费。发达国家的内需中，消费占70%左右，而我们仅占50%左右，其中，个人消费仅占35%左右。这种消费不足源于国民收入分配中的问题。在美国，国民收入的80%成为真正国民的收入，而中国国民收入中只有45%才能成为真正国民的收入。而且，这些国民收入的分配又不平均，0.4%的人占有国民财富的70%，而其余99.6%的人占有国民财富的30%。这种收入分配格局当然决定了消费不足。它的形成有制度性因素，短期内难以改变。于是，一些地方政府用补贴的方法刺激消费，如提供购买家电或汽车以旧换新的补贴。且不说这种做法中的不公正——能够买家电或换车的人大多不是低收入者，就是这种做法见效了，对经济的长期发展也不利。家电、汽车都属于产能过剩的行业，对这些行业重要的是"调结构"——实现自主技术和品牌创新，提高规模经济水平，只去促进对这些产品的需求，让它们保持，甚至扩大生产能力，这样能实现调结构吗？以后不是会出现更多的过剩吗？

消费问题短期内难以解决，刺激投资便必不可少。一切投资都可以实现"保八"，但绝不是一切投资对经济都有利。比如现在投资于兴建机场，的确有利于眼下的"保八"，但过去已有许多长期亏损经营，利用率相当低的机场，难道我们为了"保八"还要兴建这样的机场吗？过去我们有不少浪费的投资，难道为了"保八"我们又要匆忙进行这种投资吗？这次有些地方的一些投资项目就是这种浪费性投资。并不是支出了4万亿就可以促进经济发展，重要的是把4万亿用于什么投资。4万亿的投资绝不能仅仅着眼于眼下的"保八"，而应该更多地考虑投资的长期效益。

还有一些地方，为了"保八"，投资于一些污染性大、破坏环境的项目。实现和谐发展是我们的终极目标。和谐就包括了人与自然的和谐。过去个别地方曾喊出了"宁可毒死，也不穷死"的口号，引进污染项目发展经济。中央对这种行为是坚决制止的——环保部2004年曾关停了一批不利于环境的水电项目就是明证。但在"保八"的口号下，一些地方这种不考虑污染和环境只求增长的现象又有点死灰复燃的迹象。以"保八"为借口去破坏环境，造成污染，绝不是"保八"的真谛。

保增长要有宽松的货币政策相配合。但货币政策宽松到什么程度则值得考虑。2008年全年央行确定的贷款为8万亿，但实际上上半年已贷出去72.7万亿。8万亿的指标肯定要突破了，经济中货币供给（M2）的增长已达23%左右，突破了原来计划的17%。货币政策如此宽松，让人不得不担心通胀问题。如果"保八"的目标实现了，又出现了通胀，绝不是什么好事。通胀出现，下一轮又要紧缩，经济不就成了过山车吗？

"保八"问题不大，但现在我们应更多考虑这个"八"的质量，以及对长期经济的影响。小和尚把老和尚的经念歪了，往往就在于只看今天，不看明天，得其毛皮而未解其真谛。

民富才能国强

改革开放三十年来，中国的年均增长率为 9.7% 左右。这在世界经济史上也是一个奇迹。但高速增长背后一个严重的问题是消费不足。1952 年，中国的个人消费在 GDP 中占 69%，与当年的美国相近。但在 1978 年，这一比例下降至 45%，1992 年下降至 42%，2007 年，又下降至 35%，而美国的这一比例始终在 70% 左右。

有人认为，我们的消费低是由于国人有节俭的美德。节俭是否"美德"暂且不论，但节俭不是原因，而是结果。节俭是贫穷的结果，中国长期的贫穷造就了国人节俭的传统。在经济发展的初期，节俭的确可以促进发展。东亚国家的经济兴起就与节俭相关。然而，发展经济的目的仍然是消费，即全民福利的增加。一味节俭，经济发展就只能由投资和出口来拉动。投资是有限的，一方面基础设施、城市改造和房地产投资要受到土地资源的限制，另一方面，企业投资如果没有相应的消费，会形成产能过剩。投资不可能成为长期经济发展的主要动力。出口完全取决于世界市场，受国外经济因素的影响，而这些因素是我们无法控制的。这次国际金融危机与我们无关，但却严重影响到中国经济。经济学家都认为，消费是一国主要而稳定的经济增长动力。消费不足是2008年以来，中国经济出现困难的主要原因之一。

消费不足并非国民不愿意消费，而是他们没钱消费。美国的国民收入，80%由国民所拥有。在中国国民得到的国民收入仅有45%，其余的归政府与国有企业获得。美国政府得到的国民收入，大部分又以社会保障与社会福利的形式再分配给了国民。2007年美国的财政收入为2.5万亿美元，其中1.5万亿美元用于社会保障和福利，而同年中国财政收入的5.4万亿人民币中，只有6000亿用于社会保障和福利，其余的用于政府支出和投资。换言之，美国的国民收入用于富民，而我们的国民收入相当一部分用于强国。

当然，中国长期以来积贫积弱，当经济开始发展时，把较多的国民收入用于强国也是必要的。但强国并不必然以民穷为代价，而且，只有首先富民，才能真正实现强国。强国的基础在于 GDP 或国民收入的增加，而不在于分配。只有经济发展了，才能既强国又富民。发展是强国富民的关键，而发展的主要动力还是消费。消费取决于国民的消费能力，而消费能力取决于收入。让国民先富起来，使他们把更多的钱用于消费，这就会带动经济更快增长。经济发展了，GDP 增加了，国防力量加强了，国家自然就有了"硬实力"。同时，国民的收入增加了，教育水平提高了，文明程度提高了，国家也有了更强的"软实力"。

国家的强大离不开国民的富足。历史上那些貌似强大而国民穷苦的国家都不是真正的强国。苏联当年军事、空间科技水平足以和美国抗衡，似乎强大得很。但它把资源都用于强国，国民极为贫困，生活水平低下，最后在一夜之间分崩离析，瓦解了。从现在来看，当年苏联的强，仅仅是纸老虎的外强中干，民穷就没有真正的国强。古罗马、奥匈帝国，中国历史上的秦皇、汉武、康乾盛世，都不可一世地强大过，但今天哪还有一丝痕迹？以富民而强盛者才有长治久安，以民穷而强盛者，只有瞬间的辉煌。

这个道理并不深奥，但统治者往往当事者迷。长期以来，中国饱受帝国主义的欺凌，所以统治者强国的欲望就特别旺盛。但他们并不了解，国家弱小的根本原因还在于国民穷困。所以，他们的强国手段无非是用国家的力量去发展与强国直接相关的事业（如军事工业或重工业），或者用税收等方法把国民收入更大的部分控制在政府手中。发展经济中"先生产，后生活"在现实中往往变成了"只生产，不生活"。他们忘记了马克思一个基本观点："生产的最终目的是消费。"最终引起消费不足从而制约了生产的发展。历代的统治者只有强国梦，而没有富民梦，这就使强国始终是一个无法兑现的梦。

我们现在遇到的经济困难也在于重强国，而轻富民。如何使国民的收入有大幅度的提高是一个迫切需要解决的问题，好在中央已推出一系列的富民政策，如到2020年使农民实际收入翻一番，事业单位实行绩效工资，新的劳动合同法，最低工资标准等等。当这些政策真正见效时，我们就可以实现强国富民的目标了。

罪不在市场

一场袭卷全球的金融危机也搅动了思想界一潭风平浪静的水。据媒体报道,西方世界再次兴起《资本论》热,似乎又一次敲起了资本主义的丧钟,美国人在渴望社会主义。这种宣传即使不是无中生有,至少也是夸大其词。但在危机中,各国都求助于国家干预却是不争的事实。这场危机真是市场引起的祸水吗?我们先从危机的发源地美国看起。

金融危机起源于次贷危机。次贷危机的起源不是市场调节,而是政府干预。20世纪90年代是美国历史上经济繁荣最长的时期。如果只是由市场来调节,繁荣之后必有衰退,进入21世纪经济就该放缓了。然而,为了维持经济的繁荣,美联储在2002—2004年间实行低利率。这就刺激了房地产泡沫,房价上升、房子盖多了,出售成了问题。于是房地产商就想到那些没房的穷人。按正常的房贷条件，这些人没有资格和实力。他们只好放松房贷条件，让穷人贷款买房。这些人就是次贷者。次贷者进入房地产市场，使泡沫更大。房地产市场一派繁荣。这些次贷又被证券化，变为证券进入金融市场。由于房地产热，这些证券也热销。由此可以看出，发生危机前的房地产热和相关证券热并不是市场调节的结果，而是政府刺激经济的政策引起的。

2004 年之后，美国政府也看到了这种泡沫的危险，为了消除流动性过剩，抑制资产价格的膨胀，美联储又连续十几次提高利率。房地产泡沫被捅破，价格下跌。次贷者无力偿还债务，次贷危机在 2007 年爆发。次贷危机引发了金融危机，进而引发了实体经济的危机。可见引发这场危机的仍然是政府的政策。所谓"成也萧何，败也萧何"，引发经济成与败的"萧何"不是市场，而是政府。

完全市场经济下也会有危机。自从 1825 年英国爆发了第一次经济危机后，危机就每隔数年发生一次。过去我们把这种危机看成"瘟疫"，是绝对的坏事。现在看来，这种危机是完全正常的。任何事情都不会一帆风顺，经济也不会一直持续增长。经济有了危机表明需要进行某种调整。在市场经济下，经济问题以危机的形式表现出来，并强制实行调整。所以，每次危机的结果不是市场经济的终结，而是使市场经济发展得更健康。

20 世纪 30 年代的危机太严重了，被称为"大萧条"或者"大恐慌"，于是出现了国家干预的凯恩斯主义。本来过分严重的危机引起了尖锐的社会矛盾，由政府用政策缓解一下也没什么不可以的。但这却使人们迷信于国家干预。国家干预由凯恩斯本人的应急措施变成了常规使用的手段。政府喜欢用这种手段刺激经济繁荣和防止危机。政策刺激的确可以使经济繁荣，但后果并不好。这如同运动员可以用兴奋剂的刺激来取得好成绩，但其不良后果很严重一样。20世纪60年代，美国肯尼迪政府采用了凯恩斯主义的刺激经济政策，当时效果的确显著。但在70年代却引起了滞胀和债务危机。90年代克林顿政府对经济的刺激也实现了长达十余年的繁荣，但这次金融危机就是这次繁荣的恶果。崇尚政府刺激交替使用扩张性与紧缩性政策比市场自发调节引起的经济波动更大。

市场经济的确有缺陷，需要政府调节来补充。市场经济正常运行需要一个法治的环境，也需要有市场无法充分供给的公共物品与劳务，这些都要由政府提供。更重要的是市场是以人利己的动机为推动力的。利己就产生了贪婪、私欲膨胀、金钱至上等不利于市场正常发挥作用的邪念。这次金融危机就是房地产商、金融商私欲膨胀的结果。对于这些邪念政府要加强监管，因为监管市场主体的行为是政府的职责。这次金融危机产生于政府监管不力，放任次贷蔓延，放任金融机构的证券化创新，贪婪最后就演变为金融危机。

刺激经济是政府不该做的事，监管是政府该做的事。当政府把精力全用于刺激经济，今天想扩大财政支出，明天又想降低利率时就顾不上监管。监管约束了经济主体的创造力，是不利于经济繁荣的。所以，政府还会有意地放松监管，以便创造出一个又一个繁荣。这次次贷危机和金融危机都是政府有意无意放松监管的结果。放任市场，市场就会产生不好的结果。历史上多次经济危机都与监管不力相关。想想20世纪30年代的危机，还不是因为金融泡沫被贪婪吹得过大而破裂引起的？

市场经济不需要政府用政策去刺激或抑制，而需要监管。这正如人的身体不需要用药物去刺激或抑制，但需要经常体检以便克服一些不良生活习惯一样。经济是一个与人一样的有机体，保持健康的诀窍是放任自由而不是调控。

　　这场金融危机的罪过不在市场，而在政府，不是市场调节出了问题，而是政府的调控和监管不力出了问题。因此，经济出了问题又要去寻求政府刺激的手段岂不是南辕北辙？这样的做法也许会缓和一点问题，但却为以后更大的波动埋下了隐患，当一个经济不能正常运用市场机制，而陷入了反复调控的陷阱，不求助于市场而以政府为救星时，更大的灾难就要降临。

警惕沉渣泛起

每一次经济危机，都是历史上沉渣泛起的机会。沉渣是那些过时的，或被实践检验失败的理论与实践。由于总有一批长着花岗岩脑袋的人，所以这些沉渣不会消失。在经济状况好时，这些沉渣无人理会，只好沉在底层。当经济出了问题，当权者往往会病急乱投医，民众也会茫然，经不起这些沉渣的胡言乱语，于是沉渣的坚持者就会"搅得周天寒彻"，沉渣浮上水面，就会兴风作浪。

20世纪30年代大危机时，在国际上是计划经济的沉渣泛起。本来计划经济已给苏联带来了历史性灾难，使俄罗斯倒退了。但那时人们仍不明真相，而且苏共强大的宣传工具给了人们无数遐想，使许多文人、学者的计划经济成为人类共同致富之路。明白真相的人，如奥地利学派的米塞斯、哈耶克反遭斥责。在美国国内是政府干预经济的罗斯福新政当道，保护主义猖獗一时。可是，这些都没有解决问题。最终使西方国家走出危机的既不是计划经济，也不是罗斯福新政，而是市场机制本身。至于保护主义更是成事不足，败事有余。自由贸易已被证明是各国共同富裕之路，但 20 世纪 30 年代关税却高至 50% 以上，且各国以爱国为由鼓吹民族主义。结果呢？现在经济学家承认，保护主义延长了危机的时间，也加深了危机的程度。

历史总会重复。在这次由美国金融危机引发的全球经济危机中，沉渣泛起。连美国这样标榜自由贸易的国家都在倡导保护主义了。国会要求政府的投资必须用于"国货"，甚至接受政府支持的金融机构必须雇用"国人"。但是用"国货"、雇"国人"就能拉动国内经济、解决国内就业吗？在全球一体化的今天，美国这样大国的经济，不仅影响其他国家，而且也受其他国家影响。世界经济不好，美国不可能一枝独秀。实际上，用"国货"、雇"国人"也救不了美国。一方面，其他国家会采取报复行为，你不买人家的货，不用人家的人，人家也可以不买你的货，不用你的人。另一方面，你不买别人的货，别人就没有支付能力，进口减少。美国出口减少，岂有利于美国经济？保护主义说到底是损人不利己的行为。世界上没有一个国家是靠保护主义繁荣起来的。

这点道理当权者不会不知道。但是，大众并不清楚。他们从自己短期的现实利益出发，而不考虑长期、全面的问题。一个钢铁工人只会想到，如果你进口韩国、中国的钢铁，我美国的钢铁卖不出去，我就会失业，自然会支持用"国货"，而不考虑其他国家没法向美国出口钢铁，也买不起美国的波音飞机。所以，代表民意的国会才会提出这些符合民意的意见，让保护主义走上政坛。如果当权者向民意让步，或无力抵制这种意见，在政策上就会复辟了。不过奥巴马还算明白人，否定了国会用"国货"的要求，保护主义没有变为实践。

更大的沉渣泛起是对市场经济的怀疑，以致否定。这种现象也是每一次经济危机时都会出现的。反市场的思想即使在美国这样市场经济发达的国家也有市场。毕竟市场经济不能使所有的人同等程度致富，何况市场经济还有其内在的缺陷。所以，存在反市场倾向也很正常。在经济运行正常时，这种思潮并没有什么作用，也不影响政策。在经济困难时，那么反市场的"左"翼人士会以为时机已到。又一次搅动社会，浮出水面。不过在西方国家这类沉渣仅仅是如风而过。但在中国，这种沉渣就要严重得多。

这次经济危机起源不在于市场机制本身。就美国而言是起源于次贷危机，进而由于金融衍生工具的失控而引起金融危机，又由于金融危机而引发实体经济的危机。危机如此严重的一环还在于政府对金融衍生工具的创新缺乏必要的监控。金融衍生工具的创新具有两面性，运用得好，可以促进经济繁荣，但失去监控则会引起危机。这类事情在世界上也并不是第一次出现。人类贪婪的本性和政府对增长的追求使这种灾难一次次地出现。市场经济正常运行的前提是监管。仅仅让人利己的本能发生作用而没有任何监管是极其危险的。金融衍生工具屡屡引发问题并不在于金融创新的问题，而在于政府的监管不及时、不到位。

市场经济的本质特征是产权明晰，价格调节和开放。这些特征与历史上的一切经济危机都没有关系。这些特征不可能引发任何问题。历史上多次发生过经济危机。经济危机曾被认为是市场经济引发的问题，是市场经济下内在矛盾的体现。实际上这是一种误解。经济有繁荣有衰退，正如日有阴晴圆缺一样是一种客观规律。这种现象在市场经济前就有，在其他经济体制下也发生过。苏联和我们中国在计划经济下不也同样发生过经济的起伏吗？经济不可能一直在稳定地增长，正如任何事情都会有起伏一样。经济繁荣一个时期后的衰退就是一种调整，绝非市场经济才如此。经济繁荣时不认为这是市场经济的结果，而经济出现了问题就拿市场经济作替罪羊，这公正吗？这是分析问题的正确思路吗？当然，我们也不认为市场经济是绝对好的经济体制，它也有自己的各种问题，但相对于其他经济体制而言，它的确是最好的，或者说它的优点多于其他经济体制，而缺点少于其他经济体制。市场经济也要不断改进、提高。由古典的完全自由放任的市场经济进入有政府适当地起作用的现代市场经济就是市场经济本身的进步。市场经济是在不断出问题的过程中完善的，永远没有止境，没有结束。

中国历史上从来没有产生过成形的市场经济，20 世纪 50 年代以后又实行了计划经济，特别是长期的教育和宣传把市场经济等同于资本主义，而资本主义又被说成是一种万恶的、垂死的制度，所以，反市场经济的思想一直是主流意识形态。邓小平同志克服了巨大的阻力，把中国领上了市场经济之路。三十年来市场经济在中国取得的成绩是有目共睹的。当然，由于我们的改革是渐进式的，是中国历史上的第一次探索，摸着石头过河，也不可避免地引发了一些问题。从而在社会上就形成了两个群体。一个群体是计划经济下的受益者，他们顽固地反对市场化改革。这部分人是要带着花岗岩脑袋去见上帝的，但他们过去曾经有相当的社会地位和影响，其人数不多，但能量却不小。另一个群体是改革中的受损者，或者获益相对较小者。他们对市场经济总是将信将疑。一有风吹草动，就会成为前一个群体的社会基础。所以，每当改革遇到问题，或者经济、政治出了问题时，就会由前一个群体把水搅混，为计划经济招魂，而后一个群体附和，形成沉渣泛起。

好在政府是明白的。胡锦涛总书记提出"不折腾"，其意就是坚持走中国特色的社会主义道路不动摇，这一条道路的核心之一就是坚持市场化改革。随着时代的进步，那些沉渣的能量呈现递减状态，已成为万木春后面的"病树"，千帆侧畔的"沉舟"。沉渣改变不了我们前进的方向，让它自生自灭吧！

好大的口气

曾有一篇文章提出，2008 年中国经济对全球的贡献达到 22%，2009 年中国的预期增长为 8%，比 2008 年的 9% 低，但对全球的贡献居然要达到 50%，也就是说全球增长的一半来自中国。类似的言论近期在媒体上不少见。什么中国的 4 万亿支出将挽救全球，中国可以率先走出衰退，全世界都希望靠中国走出衰退云云。好大的口气啊！中国居然成了全世界的救星。中国在全球经济中有如此重要的作用吗？

我们不否认，这三十年来，中国经济的确经历了高速增长，但我们的底子薄，至今也仍然只占世界 GDP 的 5%。占世界 5% 的经济居然对世界经济的增长贡献达到 22%，甚至 50%，我真不知道是如何算出来的。而且要明白，在这场世界性的经济危机中，中国经济也不像有些经济学家所说的那样一枝独秀，而是同样受到了严重的冲击。一匹本来就不大的马，自己又受了伤，如何能拉动世界经济这辆大车？

在全球经济一体化的今天，各国的经济固然联系很紧密，但发生问题的根源还在自身内部。这场经济危机起源于美国的次贷危机和金融危机，原因在于美国自己。我们无论增加多少支出，也无助于解决美国经济的问题。各国经济出现问题，都有各自的原因，日本的经济长期处于低迷状态，欧洲的经济也各有各的难处，美国经济出问题，并不是这些经济出现问题的根本原因，而仅仅是诱因。各国经济的问题要靠自己去解决，绝不可能中国经济上去了，其他国家经济就会好转。中国增加4万亿支出只是为了解决自己的问题，也只能解决自己的问题，不可能解决别人的问题。别国也不会为此而欢呼。而且这4万亿人民币折合成美元，又能值多少，对世界经济会有什么作用呢？

各国经济之间当然有相互影响。经济学家用"溢出效应"和"回波效应"来描述这种影响。"溢出效应"指一国对另一国的影响，"回波效应"指受到影响的国家对原来引起影响的国家的影响。例如，中国出口对美国的影响称为中国对美国的"溢出效应"，而美国受"溢出效应"而发生的经济增长所引起的进口增加又对中国经济产生的影响，称为美国对中国的"回波效应"。一般而言，"溢出效应"大一些，"回波效应"要小得多。各国之间的"溢出效应"的大小并不一样。一国的进口越大，所引起的"溢出效应"就越大。中国对外依赖率（出口＋进口/GDP）为60%，而且在经济增长中35%来自出口，所以受别国的"溢出效应"就大，但中国的进口并没有出口那么多，所以，对别国的"溢出效应"就要小一些。中国的出口中40%左右是对美国的，所以，美国对中国的"溢出效应"

就大。中国经济困难的一个重要原因就是美国金融危机引起实体经济的危机，从而出口大大减少。美国经济危机通过"溢出效应"影响了中国。但中国经济这种溢出效应所引起的"回波效应"对美国影响并不大，甚至可以忽略不计。

中国目前有两万亿美元外汇储备，还能在中国增加政府支出4万亿刺激经济的情况下大幅度增加进口吗？尽管我们不会采取贸易保护主义，并主动增加对国外的采购，但增加的也非常有限。一来我们这次增加支出主要用于基础设施、改善居民住房、教育卫生等保民生的项目。这些项目所用的物资基本是在国内购买，用于增加内需的，进口所占的比例微不足道。二来发达国家对我们实际上仍然有禁运，涉及国防、高科技的产品与技术，即使他们再困难，也不会卖给我们。我们并不是不想进口，但我们想进口的东西，他们不卖给我们。这也是形成外汇储备巨大的重要原因。我们无法大量进口，即使我们外汇储备再多，国内增加的支出更多，也无法对他们产生有效的"溢出效应"，我们能拉动世界经济吗？至于当世界的救世主云云更是匪夷所思，痴人说梦了。

这次中国的经济困难，根源还在于没有实现增长方式的转型，前些年经济过热，但诱因还是美国经济危机引起的全球衰退和进口减少。所以，最先受到冲击，而且受冲击最大的还是出口加工行业，由出口加工行业又波及其他行业。其他国家没有摆脱危机，增加进口，我们就难以走出衰退。所以，先于其他国家复苏，率先走出衰退云云都只能是一厢情愿。短期内我们还无法摆脱对国外高达60%的依赖率，我们的走出衰退还要寄希望于世界经济，尤其是美国经济的复苏。当然，这样说的意思并不是我们什么也不做，坐等世界经济的复苏，我们仍要作出自己的努力，但想真正使经济再度高速增长，光凭自己的努力还是不够的。

我之所以不敢苟同中国经济会对世界的作用有50%，就在于这种说法背后反映了一种不应有的心态。一是对世界经济衰退给中国带来冲击的严重性仍然缺乏认识。过分轻视困难，一味说好听的话，绝不是鼓信心。克服困难，必须实事求是地承认困难，把困难看得严重点，才能更好地战胜困难，"战术上重视敌人"就是要重视困难。

更重要的是这种说法反映了一种浮躁、狂妄的心态。我们能对世界经济有多大作用？这篇文章除了谈到中国的4万亿支出能带来中国贸易与投资的更大机会以外，还说中国充足的外汇储备"有助于国际金融和货币市场避免动荡"，"给流动性严重不足的国际银行业和企业界带来新的希望。"这话又有点夜郎自大了。两万亿美元的外汇储备除去在这次金融危机中损失的，以及买了美国国债的，还能剩下多少？就算两万亿美元全在，这在全球金融市场上能占多大比例？以杯水想去救车薪，用两万亿美元想去救世界金融市场，岂不是太可笑了？何况中国的资本市场尚未对国外开放，如何去救国外流动性短缺的银行？自以为有两万亿美元就了不起，正像一则笑话中讲的拿10元钱向售票员说"见过吗？"的人。国际金融界的危机这次相当深，我们救不了，也无法救。还是老老实实地用这点钱做点有益于国内经济的好事吧！

记得邓小平同志教导我们要"韬光养晦"，就是要先把自己的事情做好，把自己的经济发展起来，不要整天想什么拯救全世界。自己尚且一穷二白，如何能救全世界。温家宝总理在接受英国《金融时报》采访时说，"把中国的事情办好，就是对全人类最大的贡献"。不要想什么中国经济增长有什么全球意义，而首先要想一想对我们自己有什么意义。

　　克服经济困难还要许多事情要做。不讲如何去做，大讲做好的全球意义，对自己有什么意义呢？

把增长速度放慢一点好不好

去欧洲，到了一个不出名的小国斯洛伐克。斯洛伐克过去和捷克在一起，称为"捷克斯洛伐克"，也是咱社会主义大家庭中的一员。东欧剧变之后，捷克嫌斯洛伐克穷，于是就变成了两个国家。

在斯洛伐克，的确感到了它的落后，不用说与德国、法国这些西欧国家比，就是与过去同属一个大家庭的捷克、匈牙利相比，也相当落后。斯洛伐克的人均收入在400—600欧元，在欧洲也属于较低的。但走在斯洛伐克街上却感到，这个经济上并不发达的小国却相当和谐。大街上，汽车也不少，但很少看到奔驰、宝马之类名车，在号称富人区的地方也看不到什么豪宅。斯洛伐克没有严重的两极分化，人们对这种虽不富裕，但相对平均的小康生活颇为满意，有一点世外桃源的意思。

走在斯洛伐克首都的大街上，我反复想一

看宏观

个问题：是拼命追求 GDP 高增长好呢，还是像斯洛伐克这样，增长率并不高，但整个社会和谐好呢？

从本质上说，高增长与和谐并不矛盾。我们所理想的和谐是共同富裕的和谐，是建立在强大物质财富基础上的和谐，而不是以共同贫穷为特征的和谐。这种和谐要依靠高增长来实现。我所见到的斯洛伐克的和谐也是以经济为基础的。我们说斯洛伐克穷只是相对于欧洲的发达国家而言的，而且指的是经济总量小，但它的人口少，人均 GDP 并不低。斯洛伐克传统上是一个农业国，在东欧剧变与捷克分开之后，也引进了不少外资。目前，德国及其他一些欧盟国家在这里都有投资，建立了一些汽车零部件厂及其他工厂。斯洛伐克的增长率没有达到我们这样令人吃惊的 10% 上，但也一直在增长。尤其是作为一个小国，在公共设施、国防等方面的开支并不大。而且，没有过快的增长就没有污染、两极分化等令人头痛的社会问题。

有不少人经常批评"小富即安"的思想，其实我觉得"小富即安"与传统的中庸之道有一致之处。一个国家，"小富不安"，总想成为超级大国，并非幸事。苏联的道路失败了，美国也不见得有多成功，因为有不少美国人并不觉得自己幸福。当超级大国容易成为别人的靶子。其领袖也许风光得很，但其国民并不一定幸福。一个人"小富不安"，总是要追求更富，以比尔·盖茨为目标，其结果也许大富了，但付出的太多，当总结这一生时，也不见其会有幸福感。我看斯洛伐克的人民，脸上洋溢出一种幸福的满足感，其幸福指数并不比一个亿万富翁差。当我看斯洛伐克人开着两厢的"斯克达"，喝着当地产的啤酒时，我经常想，他们也许比开着奔驰，喝着 1000 欧元一瓶的红酒的人还要开心。幸福是一种心态，它的分母是欲望，分子是收入，无论分子有多大，如果分母太大，岂不永远不会幸福？到了斯洛伐克，我突然领悟到了"小富即安"的可贵之处。"小富即安"并不是要人懒，而是要人有一种平和的心态。这种心态是和谐社会重要的心理基础。

我之所以在斯洛伐克有这种想法，是因为我总觉得这些年我们增长太快了，能不能把增长率降下来，让整个社会的发展更平稳一些？

我们的增长率应该是多少合适呢？衡量一个国家的宏观经济状况，要看它的潜在 GDP 增长率与实际 GDP 增长率之间的关系。潜在 GDP 又称充分就业的 GDP，指一个国家资源得到充分利用时所能实现的 GDP，是一个国家的潜力。实际 GDP 指一个国家实际上生产出的 GDP。潜在 GDP 与实际GDP 相等时，说明这个国家的经济潜力得到了充分发挥，是一种最理想的宏观经济状态。如果潜在 GDP 大于实际 GDP，说明这个国家资源没有得到充分利用，经济过冷，或处于紧缩状态。如果潜在 GDP 小于实际 GDP，说明这个国家资源超充分作用，处于经济过热或膨胀状态。

经济过冷还是过热，还要看潜在 GDP 的情况。中国的潜在 GDP 增长率是多少呢？自从 2003 年以来，温家宝总理在每年的"两会"上提出的增长率指标都没有超过 8%。我想，他提出的指标，当然是要实现稳定的充分就业增长，这就是中国的潜在 GDP。但实际上，我们每年的增长率都突破了 10%，2007 年达到 11.9%，超过潜在 GDP 将近 50%，这恐怕不能不说是经济过热了。而且，2007 年房价和股市的暴涨，通货膨胀加剧，都是典型的经济过热的表现。温总理在 2008 年年初的"两会"上指出：今年将是中国经济最困难的一年。这种"最困难"就是多年来经济增长过快所引起的。尽管华尔街风波对中国的影响不可忽视，但中国是一个尚未完全开放的大国，经济出问题的主要根源还在国内。

这种高增长能不能持续下去呢？这实际上包括两个问题。一个是有没有持续下去的能力，另一个是应不应该持续下去。这些年我们的增长基本是投入型的，即靠增加生产要素的投入实现的高增长，并没有实现以技术进步为中心的高增长。资源是有限的，而且投入不断增长最终会引起边际收益递减。这种投入型增长没有持续的能力。在我们的增长方式没有完成转型之前，想要保持这种高增长显然是困难的。

即使这种高增长可以持续下去，我们也不能这样做。因为增长过热会引起各种问题，或者说只追求增长使我们忽略了其他问题，而这些问题的加剧会引发社会不和谐。与斯洛伐克这样增长率并不高的国家相比，我们的贫富差距太大了。不拿数字说话，就从社会现象来看，斯洛伐克没有我们这样的富人区，没有满街的奔驰、宝马，但也没有乞丐，没有生活难以为继的穷人。而我们一方面是富人的奢华，另一方面是许多尚为生计发愁的人。再从环境来看，斯洛伐克并不大，所到之处都可以说是山清水秀，而我们的环境破坏之严重恐怕在世界上也属于前列。增长是要付出代价的，任何一种经济都不能不增长，但在增长与代价之间要找到一个平衡。而且，增长的代价是递增的。

斯洛伐克是小国，而且有宗教信仰，并不想在世界上争强，进入第几名，整个国家，从上到下，心态都较为平和。我们是大国，当然不能运用他们的模式，但成为强国的理想太强烈了，也不见其就是一件好事。我们可以当强国，但不必要求在短期内实现，"大跃进"心态是有害的。我们完全可以把增长速度放慢，做好各方面的协调发展，不以快为目标，而以和谐为目标。当增长快引起各种矛盾时就把速度放慢一些。"欲速则不达"，或者说即使"速能达"，代价太高也不值得。

　　记得有一个诗人说过，"我们走得太远，太远，忘记了出发时的目标"。用在经济上，是不是可以说，我们增长得太快，忘记了增长的最终目标是建立一个共同富裕的和谐社会。增长并不是目标，而仅仅是手段。如果把手段当作目标，那最终就是一场悲剧。漫步在宁静的斯洛伐克，我悟出了，我们已经走得太远，忘记了目标是什么。现在该是清醒过来，反思一下三十年来所走过的路的时候了。

看宏观

重温经济独立

美国已故经济学家阿瑟·刘易斯由于对发展经济学的贡献曾在 1979 年获得诺贝尔经济学奖。他关于无限劳动供给下经济发展模式的观点已广为人知，他提出的"刘易斯拐点"（从劳动无限供给、低工资不变，到劳动供给不再无限、工资要上升的转折点）今天仍被我们经常引用。但他的另一个基本模式观点，即发达国家剥削发展中国家，发展中国家一定要坚持独立自主发展经济的观点，却被遗忘了。

这种遗忘也是一种历史的必然。拉美的一些"左"翼经济学家把刘易斯的观点发展到极致。他们提出了中心－外围理论，把中心（发达国家）与外围（发展中国家）对立起来，提出了内向性发展经济的"进口替代"战略，即只进口生产资料以最终摆脱发达国家的控制。但在以后的实践中，力争融入世界，以"出口替代"发展经济的亚洲"四小龙"成功了，而实行"进口替代"的拉美国家却失败了。以后的全球经济一体化给发展中国家带来的利还是大于弊的。刘易斯和中心－外围论就被遗忘了。

"文化大革命"前的中国并不知道刘易斯，决策者也不懂中心－外围论。但总体方针是对外封闭。经济发展的方针是"独立自由，自力更生"。这话本来不错，但演变为政策就成了盲目排外。结果经济落后，沦落到被开除"球籍"的地步。改革其实是以开放为先导的。对外开放才有了这三十年巨大的飞跃。于是"自力更生"云云也被遗忘了。

过去把经济独立理解为封闭是一种误解，放弃这种观念，融入世界是一种历史进步。但全球经济一体化是有利有弊的。当然，利是大于弊的，所以，我们坚持开放的大方向。但对于弊亦不能等闲视之。这次美国金融危机对中国经济的冲击，也证明了这一点。因此，重温经济独立，就要考虑如何在全球经济一体化的格局下避免不利的国际冲击，保持本国经济的健康稳定发展。

保持经济独立就必须降低对外依附程度。世界上发达国家的对外依赖率（出口＋进口/GDP）最高的也不过25%，但中国的这一比例高达60%，出口对增长的贡献达35%。要保持经济独立必须把这一比例降至20%左右。这就是说，不仅在现在的经济困难时期，我们要强调拉动内需，而且要把内需为主作为一项长期的方针。我们是一个有13亿人口的大国，与那些小国不同。那些小国可以更多地依赖世界，在经济学中这被称为"小国开放模型"。但我们是大国，更为适用的是"大国开放模型"，发展更要立足于国内。把发展建立在国内市场的基础上应该是我们的基本方针，无论何时何地都不动摇。我们应该以这样一个总方针来制定发展战略。

小国以世界为基础发展经济，不必求全责备，可以以某些产业为重点，片面发展。比如瑞士就不是一个全面发展的国家。它可以没有钢铁这些重、化工业，而以手表、精密仪器、金融服务为自己的主导产业。但我们作为一个大国，必须各行各业都有一个全面发展。任何一个行业发展滞后都会给我们的经济带来不利影响。比如现代经济中农业的相对地位下降了，但我们不能像有些小国那样完全放弃农业。我们必须保证农产品的基本自给，因为世界上没有一个国家能养活我们 13 亿人口。如果我们以农产品进口为主，那对全世界都是灾难。同样，许多国家可以不造大飞机，全靠进口，但我们就应该造大飞机。

一个国家能不能在世界上自强最根本的取决于它的科技水平和创新能力。美国在世界上的强大还取决于它的科技实力。想一想每年的诺贝尔奖差不多全让美国人拿去了，就可以知道它成为超级大国的原因。刚开放时，我们有一种幼稚的想法：以市场换技术，与发达国家的跨国公司合资，交出市场换取他们先进的技术。后来发现，这种想法毫不现实。你可以把市场交出去，但人家不会给你先进的技术。即使给点技术也是二、三流的，或者将被淘汰的。用钱可以买到东西，但买不到技术，甚至买不到有技术含量的东西。国家之间无论再友好，也不会给你先进技术，美国把它的高科技给英国、欧盟、日本这些亲密盟友了吗？亲密盟友尚且不给，何况我们这些一般朋友。

丘吉尔说国家关系的基础是利益。今天有共同的利益就可以成为盟友，明天利益不同了就是敌人。从来没有永恒的朋友或永恒的敌人，只有永恒的利益。在世界上，科学是无国界的，全世界都可以免费享用，是公共物品，但核心技术却是私人物品，多高价都无法获得。核心技术既是一个国家强大的基础，也是一个国家财富的来源。哪个国家愿意出卖这样的核心竞争力？像我们这样的大国，不可能靠买来获得核心技术，唯一的方法只有自主创新。科技实力是一国经济独立的必要条件。以经济独立为目标必须大量投资于科学、教育和技术开发。

各国的国情不同，以经济独立为目标的发展战略必须从自己的国情出发，发挥自己的优势，避免自己的劣势，绝不能照搬其他国家成功的经验。发达国家的发展途径是从劳动密集型产业转向资本密集型产业，再转向技术密集型产业。中国人口众多，就业始终是一个严重问题。所以在经历劳动密集型向资本密集型再向技术密集型转变时，不能像其他国家一样放弃劳动密集型产业，而要始终对资本密集型、技术密集型和劳动密集型产业并重。对劳动密集型产业的重视是由我们的国情决定的。

我一直对汽车进入家庭心存疑虑，对汽车行业的大跃进式发展忧心忡忡，对低档车遍地开花不以为然。这也是从国情出发的。我们人多地少，城市拥挤，汽车进入家庭交通拥堵、污染严重，这种恶果现在已经日益显现了。另一方面，中国仍然是一个缺油的国家。现在所消费的石油有50%以上依靠进口，在世界石油进口国中仅落后于美国，居世界第二。再发展下去会有什么结果，真不敢想象。为一时的经济振兴而大力发展汽车工业将后患无穷。石油主要依靠国外，经济能独立起来吗？

这次美国金融危机所引起的冲击给了我们太多的启示。重新评价"经济独立"我想就是最重要的启示之一。但我们重提"经济独立"绝不是要回到过去的闭关锁国时代，而是在全球经济一体化格局下新的提升。口号是过去的，但内容是全新的，这就是历史的进步。

不能以补贴促消费

一位大人物说过，只问目的，不问手段。言下之意，只要目的是正确的，采取什么手段都可以。这位大人物为了达到夺取政权的目的，甚至企图出卖国家与民族的利益。我对这种说法颇不以为然。但现实中，这种说法颇有市场。近期宏观经济出现了困难，需要刺激消费，所以什么手段都用出来的，最突出的莫过于不少地方政府用财政补贴刺激消费。先是给个人直接发钱，发旅游券，然后又是家电下乡补助，再后面则要补助70亿，鼓励家电、汽车以旧换新。这种办法有助于刺激消费吗？

不是什么手段都可以达到目的的。要解决问题达到目的，必须研究问题的根源，对症下药。而且，解决问题所用的手段不能头痛医头，脚痛医脚，只用一些救急性措施，要有长期打算。中国的消费只占总需求的一半左右，个人消费只占35%。消费不足一直是制约经济发展的问题。启动国内市场消费的口号也早已响彻云霄了，但只见"启"而不见"动"，只听楼梯响而不见有人下楼。这里的原因是什么呢？

谁都知道，消费取决于收入。有钱才能消费，没钱花什么呢？但这种收入不仅是总收入，也不仅是人均收入，还取决于收入分配平等程度。总收入增加了，人均收入增加了，但都集中到少数人手里。富人的钱没地方消费（用个专业术语是"边际消费倾向低"），而什么都需要的穷人却没钱消费。收入不平等引起消费不足，这个观点凯恩斯早就说过。中国在2006年时，基尼系数已达0.496。可见收入分配欠公平是制约消费的一个问题。不过这个问题涉及许多制度上的问题，冰冻三尺，非一日之寒，也不是一日就能解决了的。

有钱就一定敢花吗？也不一定。如果后顾之忧太多，有钱也不敢消费。中国的储蓄率在世界上一直位列前茅。这不是因为有节俭的传统，而是社会保障不完善，有太多后顾之忧。节俭并不是人的天性，是穷而有忧造成的。医疗、教育、养老都需要太多的钱，而且，我们生活在一个转型社会中，不确定性太多了。许多人不敢想今日的穷人明天会如何有钱，更多想的是今日的中产，明天会如何下岗。但是社会保障也不是一件容易的事，不可能"大跃进"地实现。

由此看来，消费不足是一个"慢性病"，要通过长期努力才能改善，现在困难来了，病急乱投医，就会开出一些看似有效，实则成事不足，败事有余的药方。补贴就是这些药方中的一个。

无论是直接发钱也好，给各种消费以补贴也好，其刺激消费的作用极为有限。比如直接发钱。如果人人有份，不能改变收入分配不平等的状况：有钱的拿了补贴的钱，不消费；没钱的拿了钱，即使消费，也是杯水车薪。如果是消费补贴，比如家电、汽车以旧换新给补贴，充其量也才 70 亿，能拉动多少消费呢？

用补贴的方法，不仅没有多大用，还有一些不利的作用。正如吃一剂药，医病的作用不大，副作用却甚为严重。

一是形成资源浪费。家电也好，汽车也好，都有使用年限。还没有到报废期就强制报废岂不是一种浪费吗？这种浪费式的消费，永远都不能采取。为了一时的增长率而刺激这种浪费，违背了科学发展观。我们提倡消费，但绝不能提倡浪费。无论我们的物质有多丰富，也要牢记"贪污和浪费是极大的犯罪"的教导。

二是形成这些企业生产过剩，又是另一种资源浪费的形式。家电、汽车销路不好，根本原因还在于生产能力大于有效的社会需求。危机是一个信号，告诉你供大于求了。正确的方法不是想办法扩大需求，而是缩小生产能力。市场经济之下，这一过程是在竞争中优胜劣汰，淘汰一批效率低的企业。这就是我们常说的"调结构"的内容之一。用补贴的方法扩大需求，保持甚至扩大原有的生产能力，保留下来一批本该淘汰的低效率企业，这从长期来说，对经济是有百害而无一利。补贴家电、汽车消费，在一时也许可以缓解这些行业的危机，让它能苟延残喘下去，但以后还会出现更大的危机。制定政策绝不能如此目光短浅。这就如同一个笑话讲的，外科医生用机器挤压的方法治疗驼背，只问背能否直起来，不管病人死活一样。

更为重要的是以补贴刺激需求违背了公平的原则。那些低收入的人，维持温饱尚且不易，补贴再多，也没有钱去更新家电，至于汽车更是想也没想过，何况更新？这 70 亿的贴补全由高收入者享用了，而这些人本来就"不差钱"。把税收的钱用来补贴富人，哪一个政府会这样做？这个社会本来就因为收入差距大而引起了不和谐。这样的补贴岂不扩大了这种差距，加剧了不和谐吗？

其实这种补贴的做法在操作层面上也颇为不易，已实行的补贴家电下乡已经引起了许多问题，创造了一个新的腐败机会。再补贴家电、汽车以旧换新，岂不是要扩大这种腐败吗？这种补贴有利于那些本来不该帮助的企业和已有家电、汽车的富人，而对消费没有明显的刺激作用，反而扩大了社会上的贫富差距。这种不管手段如何，只想达到刺激消费的目的，符合科学发展观吗？

当然，在经济遇到困难时，政府还是应该拿出点钱来刺激消费的，不过不是这种补贴的形式，而是增加低收入者的收入。在经济困难时，遭受打击最大的不是企业，不是中高收入者，而是这些低收入者。他们即使在经济繁荣时，收入也仅能维持温饱而已，一旦经济困难，下岗失业的是他们，甚至连维持温饱都成为奢望。解决这些人的燃眉之急是以人为本原则的体现，也是促进社会和谐的最有效手段。把补贴那些有钱人换家电买汽车的钱用来直接补贴这些低收入者才是人间正道。而且操作起来也容易：扩大低保范围，提高低保标准就是了。我们在这一方面的支出一直比较低，现在正是纠正这种错误的好时机。

为了达到短期的目的而采用有损于长期目的的手段是不明智的。病急也不能乱投医，乱开"处方"。"处方"错了，不仅连短期目的也达不到，还会留下无穷隐患。

由谁使用外汇储备

外汇储备多了，就有了一个如何使用的问题。钱是能生钱的，于是就有了外汇如何投资，实现保值增值的问题。由谁来用外汇储备投资呢？外汇是国家的，投资只能由代表国家的机构或者国有企业操盘。于是，就由这些国有企业买了房利美、房地美的证券，买了美国黑石基金的股票，买了雷诺兄弟投资公司的股票。结果怎么样？在这场华尔街风暴中，这些投资纷纷化作"泡漂儿"，或者说大大缩水了。中国人辛辛苦苦赚来的外汇替美国人的错误买单了。

看来由这些国有企业来使用外汇储备的效率并不高。那么，如何使用这些外汇储备才能提高效率呢？弗里德曼（Milton Friedman）曾经提出了一个花钱的矩阵，分析由谁花钱效率最高。第一种情况是自己花自己的钱，第二种情况是为自己花别人的钱，第三种情况是为别人花自己的钱，第四种情况是为别人花别人的钱。这四种情况中，第一种情况效率最高，第四种情况效率最低。但在现实中第四种情况也相当多，如公司的高管用所有者（股东）的财产进行经营，或者政府用纳税人缴的税收进行各种支出。在现代社会中，第四种情况不可避免。在这种情况下提高钱的使用效率的办法就是建立有效的激励－约束机制。公司对高管的各种激励，议会审批政府的支出方案，都属于这种机制的运用。

由国有企业，如商业银行或中投公司，运用外汇储备进行投资，购买国外的证券，显然属于第四种情况。但是，我们又缺乏相应的激励－约束机制。投资成功了，如何奖励，我不知道，但投资失败不用承担什么责任则是地球人都知道的惯例，至今没有人为购买房利美、房地美、黑石基金、雷诺公司的证券或股票承担责任。为别人花别人的钱之所以危险就在于花别人的钱，损失了，也不用承担责任。在这个充满不确定性的世界上，投资是有风险的。而且，一些决策者缺乏国际金融市场的知识和经验，购入一些显然风险极大的证券，哪有不失败的？何况在这种情况下，还存在相当大的道德危险，个别人会为了自己拿回扣而购买明知要垮的公司的证券或股票。回扣实实在在是自己的，亏损由别人顶着，自己又平安无事。各商业银行和中投公司购买房利美等的证券与股票决策背后的过程，我们不知道，但损失却是实实在在的。

当然，以后也不可能不让各商业银行或中投公司在世界市场上购买证券或股票，更不可能让外汇储备放在金库里休息。问题是如何设计一套有效的激励－约束机制，尽可能让这类决策少犯错误。

不过更好的方法就是让私人使用外汇储备，即实现第一种——自己为自己花自己的钱。私人使用包括个人和私人企业使用，既可以在国际金融市场上购买证券或股票，也可以对国外进行直接投资。私人使用不存在道德危险，也会为了更有效使用而去了解市场、了解自己所购买的证券或股票的风险。这就是说，自己用自己的钱会比自己用别人的钱更为负责。

私人用外汇储备去进行直接投资有更为深远的意义。中国企业发展到今天，已经到了走出去实现国际化的时候。只有在全球的范围之内获得资源和技术，开发市场，中国企业才能做大做强。企业的国际化就包括在国外进行直接投资，包括建厂、合资或兼并国外企业。这些都需要外汇。把外汇储备用于这种直接投资比间接投资（购买股票）风险更小，更有利于整个国家的经济安全。这种国外直接投资可以由国有企业进行，但更有效率的是由私人企业进行。

让私人使用外汇储备比由国家使用更有效率。这是自己为自己用自己的钱与别人为别人用别人的钱的效率差别。实现这一步的关键就是放开外汇管制，让私人可以自由兑换外汇。如果现在做到这一步尚有困难，起码要放松外汇管制，减少各种限制，让私人得到外汇的手续与程序更简单、直接，尤其要支持私人企业用于国外直接投资的外汇使用。

面对华尔街风暴，我们的应对措施不应该是倒退或关上大门，而应该谨慎地推动开放。人民币自由兑换就是重要的一步。迈开这一步，我们高达两万亿美元的外汇储备才能得到有效使用，我们的经济也才会更安全。

健康不能靠吃药

如果一个人靠药物维持健康，需要兴奋时就吃兴奋剂，需要安静时就吃安定片，其结果必然是破坏了身体内的自然平衡。那些服用兴奋剂的运动员，短期内可以创造奇迹，但长此以往，身体会更糟，甚至会促成早亡。这点道理谁都知道，我讲这点道理，不是指身体，而是指经济。

市场经济有其内在规律，也许我们不能完全认识到这些规律，但它们仍然在自发地发生作用。经济繁荣也好，衰落也好，都是这些规律自发起作用的结果。如果有什么力量企图改变这些规律，短期内也许可以像兴奋剂那样起作用，但长期却会引起更坏的结果。这点道理并非人人都知道，因此，政府经常喜欢用行政的力量，让经济按自己的意愿运行，表现出自己喜欢的状态。

让我产生这种感想的事实是政府对股市的干预。有一段时间，股市跌破了 3000 点，救市的呼声一浪高过一浪。尽管我是坚定的不救市者，但我知道，政府肯定会救市。记得历史上曾经有一次有效的救市，是政府宣布证券市场印花税由现行的千分之三下降为千分之一。这一救市手段公布之后，股市大幅度上扬，股市如同吃了兴奋剂的运动员，创出了好成绩。

但降低印花税这种兴奋剂真的那么灵吗？股市有自己的运行规律，从根本上说，股市的状况取决于宏观经济状况，每种股票的价格取决于公司的业绩，即长期盈利能力。从2005年下半年以来，股市上扬与宏观经济增长迅速，企业盈利状况好是相关的。良好的宏观经济状况决定了上扬的股市，不过在时间顺序上是先有宏观经济走势良好，后有股市上扬。当宏观经济状况恶化时，股市也会下跌。不过往往是股市先下跌，而后宏观经济恶化的状况显露出来。2008年年中以来，通货膨胀加剧，原材料价格上升，预示着宏观经济的转变。这就反映在股市的下跌上。

股市运行与宏观经济的关系会由于人们的投资行为而扩大。从个人的角度看，股市高涨时投入，股市低迷时退出是理性的。但由于信息不对称，人们的投资决策总是盲目的。这样，个人看似理性的行为就成为集体的无理性行为。这种无理性行为会造成股市上扬时产生泡沫，形成过度繁荣，而在股市下跌时也会反应过度，形成紧缩失常。所以，股市的大起大落总是超过了现实经济状况。

政府用政策手段干预股市并无法改变股市本身的客观规律，所影响的仅仅是投资者一时的心理。无论是提高印花税税率还是降低印花税税率，并没有改变宏观经济状况，从而也无法从根本上改变股市状况。但是它会影响投资者的心理，从而对股市发生一时的作用。这些年，有关政策机构把印花税作为调节股市的手段，并没有从根本上改变股市的走势。

2007 年 5 月 30 日，有关部门对印花税税率采用"半夜鸡叫"的形式，从千分之一调至千分之三，从而造成股市暴跌，上证指数从 4300 点跌至 3400 点，但这依然没有改变股市牛市冲天的格局，上证指数最终涨至 6000 点以上。下调印花税税率，意在改变熊市状况，也使得股市的确有所上升，但如果宏观经济的深层次问题得不到解决，仍然无法走出熊市。

这样调节的更坏结果是公众更大的误解，即不认为股市有客观规律，把中国股市看做完全由政策决定的"政策市"。股民整天在推测政府的政策，政府用政策调节股市，长此以往，股市就不是市场经济的一个组成部分，而成为政府控制经济的手段。这样，市场经济又回到政府控制的计划经济。这岂不是历史的倒退吗？

政府的动机是想使市场经济正常运行，但它不明白自发的波动也是正常状态。政府所能做的仅仅是维持正常的秩序，而不是干预结果。如果就把印花税固定在千分之一，而无论股市如何涨跌都不调整，股市才会正常。调过来，调过去，其结果是破坏了市场机制，正如今天吃这种药，明天吃那种药，吃来吃去，身体更有病一样。

记得法国戏剧大师莫里哀曾经说过，70% 的人不是死于有病，是死于治疗。经济也是这样。

掌握开放的节奏

华尔街金融危机，使全世界都受到冲击。这场危机给我们也带来了损失，但更给我们上了一堂难得的课。

记得 20 世纪 80 年代初，美国经济学家麦金农等人提出了"金融深化论"。其中心是强调：发展中国家要打破限制金融活动的"金融抑制"，实现金融自由化与开放。当时，这种观点颇有影响，许多发展中国家都在金融自由化方面迈出了一大步。但以后的结果并不妙，实践"金融深化"最有力的墨西哥等国遇到了严重的金融风暴，经济发展亦受到影响。从而亦使这种理论受到人们的怀疑和指责。

将近三十年过去了。从各国的情况看，"金融深化"的方向并不错，而问题出在节奏没有掌握好，走得太快了。尤其是在不具备条件的情况下，开放得太快，自由而缺乏必要的监管，于是就出了问题。这次华尔街的金融危机告诉我们，即使在美国这样市场经济制度较为完善，经济实力强的国家，自由化做过头了，也会引发严重的问题。

这次危机的根源还在次级贷款上。给不符合住房贷款条件的人发放贷款，把他们的偿还能力寄托于房价上升，这是一种相当危险的做法。一旦房价下跌时，危机的可能性就变成了现实。没钱的人想有自己的房并不奇怪，问题是房贷机构怎样给他们钱，让他们美梦成真。房贷机构之所以同意给穷人贷款还是出于利润动机的考虑。金融自由化的一个内容就是给银行（包括房贷机构）更大的自主权。但银行在利润动机的推动下往往会作出不理性的事情。这种事情的后果却要由整个社会，甚至全世界来承担。因此，无论给银行多大的自由，一定要有监管。如果监管机构的能力不够，还是不要给银行自由。给不给他们自由，给多少自由，还取决于国家的监管能力。中国金融自由化的进程还取决于监管制度的完善与监管机构能力的提高。金融放开的第一步还在于监管。

次贷引起这么大金融危机的更重要原因还在于金融衍生工具。金融衍生工具是重要的金融创新，但越来越多的金融衍生工具使虚拟经济和真实经济离得太远。而且使这些工具的创造者和购买者，或者说委托人与代理人，距离太远了。相互之间信息不对称，购买者或代理人非理性炒作金融衍生工具，从而引发金融危机。这时，虚拟经济已经远离了真实经济，不能反映真实经济。虚拟经济不以真实经济为基础，迟早要出问题。虚拟经济的问题必定会影响真实经济，而当真实经济出问题时，整个经济必定处于动荡之中。因此，如何控制金融衍生工具的创新也是金融监管的大事。

中国的改革进行到今天，金融放开也成为下一步改革的重点。但如何放开、什么时候放开，放到哪一步，比放开

53

看宏观

本身要重要得多。在放开过程中，我们缴点学费也是难免的。但是，注意研究各国放开中的成绩与问题，尤其是从当前华尔街的金融危机中吸取更多教训，学费便可以缴得少一点。

救经济先救信心

对未来经济的预测，尤其是经济信心，对实际经济影响相当大。当年凯恩斯就曾说过，如果资本家由于某种原因对未来失去信心，减少投资，就可能引发一场经济危机。他对某种原因的分析还很不深入，但经济信心的丧失的确会加剧危机。当大家都捂着钱袋舍不得花钱时，已经出现衰退的经济岂不雪上加霜？

所以，拯救经济必先要拯救人们对未来的信心。只要有信心，人们就可以战胜一切困难。当年毛泽东同志《论持久战》的意义正在于给抗日处于最艰难时期的中国人民以战胜日本侵略的信心。今天在中国经济遇到最困难的时候，拯救人们的信心也是当务之急。

信心来自预期。预期的形成一是来自个人本身的经历。在经济危机中，遭遇收入减少甚至失业的人会形成悲观情绪，失去信心，这一点也不奇怪。但并非所有人都有这种经

55

看宏观

历。对更多的人来说，信息还来自媒体，媒体的宣传对人们的信心有极大的影响。一个人也许并没有受到经济衰退的什么影响。但是媒体扩大衰退的信息，也会使他对未来悲观起来。

媒体对公众预期的形成和信心极为重要。当然，这绝不是说，媒体要报喜不报忧，像20世纪60年代困难时期那样，尽管连饭都吃不饱，还讲形势大好。那种骗人的信息最终只会帮倒忙。媒体要让人相信，首先要给人正确的信息。正确的信息是要有选择的。我觉得国内一些媒体引用国外媒体的报道，把国际金融危机引起的灾难扩大了。比如有媒体引用前美联储主席格林斯潘的话，说这次金融危机是百年来未有的。尽管格林斯潘是名人、是权威，但这话并不正确。起码它没有20世纪30年代的危机那么严重，而30年代距今也不到百年。国外的媒体是舆论多元化，说什么的都有，我们不能一概引进，要选择正确的，这方面媒体应该有判断力。中国的媒体不能成为国外媒体的翻版。

国内学者发表自己的看法，当然可以畅所欲言，但也不能追求言论独特引人注目。自由并不是随心所欲，应该有责任感。起码说话要有根据、有分析。比如，用一些出口型中小企业的破产，用一些本来就有问题的企业破产来说明金融危机的影响，就欠妥当。把问题讲得过分严重，忽略了基本点，会使人们不自觉地悲观。有些看法作为个人之见，在一定范围内可以讲，但绝不能扩大到公共媒体上。

当然，振奋人们信心的还在于实际行动。应该说政府支出4万亿的计划是可以振奋信心的。但人们还要看结果。因此，媒体对这个计划可能产生的影响，以及实施情况，应该及时给以正确的报道。讲得太抽象了，让人难以相信。只讲好、不讲问题，也难以让人相信。

我并不主张"舆论一律"，但认为主流媒体，尤其是电视新闻还是要有正确的导向。这种正确的导向就是要让人对战胜经济困难有信心。不能像吓小孩子那样扩大问题，也不能用虚虚实实的信息来误导公众。在媒体多元化的情况下，如何正确引导公众的信心，不可等闲视之。

消灭城乡差别之路

儿时生活在农村，长大后对马克思共产主义消灭城乡差别的理想极为向往。中华人民共和国成立六十年，农村发生了巨大的变化，但离消灭城乡差别的理想还有相当大的距离。以后，我们应如何实现这一理想呢？

按照国际公认的标准，一个国家现代化的标志之一是农村人口占到全国人口的 50% 以下。这表明，消灭城乡差别的重要方法之一就是农民转变为城市居民。这种转变不是农民当"候鸟式"的农民工，而是在城市有稳定的工作、收入、住房，成为真正的城里人。改革开放之后，中国也开始了这一转变过程，但远远未完成这一过程。要加速这一过程除了户籍制度的改革之外，还有许多工作要做。

首先要给农民创造更多的就业机会。这绝不是发展制造业和增加出口所能解决的。就业最大的部门在服务业。发达国家服务业占

GDP 的 70% 以上，就业人数占总就业人数的 80% 以上。中国的服务业仅占 GDP 的三分之一，服务业发展的空间非常大。这是将来吸收农民最有潜力的部门。从企业来看，吸收劳动力最大的并不是现代化的大企业，而是中小企业。支持民营中小企业的发展对就业极其重要。这些道理并不高深，但在现实中，一说保增长，就是投资于大型项目，就是支持国有大型企业。看来，我们应该按增加就业的思路来调整产业结构，把就业而不是增长作为目标，从而真正实现富民。

农民的就业不仅取决于机会，还取决于他们的能力。"失业与空位并存"是当前中国失业，尤其是农民工失业的一个重要特点。解决这一问题的关键在于提高农民的就业能力。许多地方对农民进行就业培训，这固然重要。但我认为比这更重要的是基础教育。发达国家在工业化之前，成人识字率已达 70% 以上。政府始终重视基础教育。我参观过瑞典一所百年前的小学，其设施比中国现在许多小学都要强。农民受到良好的基础教育可以迅速拥有在城市就业的一技之长，而且能更快地适应城市生活。我们农村不少基础教育是有"量"而无"质"，这更加大了农民就业的难度。教育不是消费，是最重要的人力资本投资。对农民，这种投资更重要。

当然，无论有多少农民进入城市，一个社会总还要有农业，仍然有人当农民。所以，发展农业，提高农民的收入也是一个重要的问题。农民收入的增加，从根本上说还在于提高农业的生产率。提高农业生产率还在于走规模经济之路。不过这种规模经济不能走强制式的合作化之路，而要走市场化之路。市场化之路就是在产权明晰的基础上进行土地兼并，实现大农业。兼并者是利用土地效率最高的人。在这个基础上才有可能引进各种现代农业技术与设备，实现高效率的现代农业。这一过程可以由农民进行，也可以由企业家进行。

有实力的企业家进入农业，让农民成为农业工人，提高经营的集约程度，是增加农业收入的一种好方法。小农经济永远只能在贫困线上挣扎。

我们以上所讲的是长期中消灭城乡差别之路。这条路可以从根本上解决农民问题，但实现起来有一个相当长的过程。我们需要一些能"立竿见影"的政策，让农民享受到实惠。这首先要提高农产品价格，不要农产品一涨价就反通胀。农产品涨价并不是通胀。中国农产品的相对价格并不高，农产品涨价有利于农业的稳定与农民收入增长。但应该注意的是，农产品涨价的好处并没有归农民，而是富了各个流通环节。因此需要用市场化的思路理顺农产品流通环节，保证农产品涨价增加农民收入。

在市场经济中，农民是弱者，要改善农民的状况还需要政府的直接扶植。各国都把财政支出的相当一部分用于支付农业和增加农民收入。我们也应加大财政对农民支持的力度，如提高农村社会保障的水平，投资于农村的基础设施，支持农业科研等等。中国农村发展极不平衡，对贫困地区的农村尤其要加强政府扶植的力度。

农业部领导坦言"农民增收不可高估，城乡差别仍在扩大"，也表明政府对这一问题的关注。希望这种关注变为现实的政策措施，在消灭城乡差别之路上迈出一大步。

能埋葬凯恩斯主义吗

在当前的经济危机之下，凯恩斯主义再次复活。各国政府都加大了对经济的干预，甚至直接操控经济。有的国家领导人，如澳大利亚的总理陆克文把金融危机归咎于"新自由主义的失败"，要把"经济建立在国家干预的基础之上"，并称之为"民主社会主义的第三条道路"。自由主义经济学家则痛诉国家干预之害，主张要"埋葬凯恩斯主义"。

当然，凯恩斯主义是埋葬不了的。凯恩斯能在经济学史上留得大名，并长盛不衰，还是因为它在理论上有突破性的贡献，即使从今天来看，称之为"凯恩斯革命"也不为过。经过了七十多年的考验，凯恩斯也不是那种浪得虚名的经济学家。

凯恩斯不是象牙塔中的学者，但他的贡献是在理论上。自从亚当·斯密以来，经济学并没有我们今天所说的微观与宏观之分，既研究经济增长，也研究企业、价值、成本等问题。继承斯密古典经济学的是新古典经济学。他们生活在资本主义稳定发展时期，对整个宏观经济的运行并不担忧，因此经济学的研究集中于今天所说的微观部分。但是，20世纪之后在经济学的大本营英国，整体经济出现了停滞，尤其是30年代的大危机打破了绝大多数人对市场机制的迷信，于是经济学家开始关注涉及整体经济运行的宏观问题。凯恩斯在理论上最伟大的贡献就是建立了宏观经济分析体系。尽管凯恩斯的宏观经济体系是以短期的总需求分析为中心的，但却是以后宏观经济学体系的开端。应该说，今天的宏观经济学已经比凯恩斯的体系有了巨大的发展，但基本框架仍然是凯恩斯的。把凯恩斯的宏观理论体系作为现代经济的起点，作为经济学史上的里程碑一点也不过分。他分析宏观经济时所用的许多概念如今已成为经济学中的基本概念，我们仍然在使用。

舞台下的评说

62

凯恩斯还解决了新古典经济学所没解决的问题，实现了理论上的突破。新古典经济学把经济分为货币与实体经济，这两部分又互不相关，被称为"古典二分法"。凯恩斯用利率把货币与实体经济，货币理论与经济理论联系在一起，使之成为一个整体。这就深化了我们对货币在经济中重要作用的认识，使经济学上升到一个新层次。尽管这种工作最早是由瑞典经济学家魏克塞尔进行的，凯恩斯还不算具有原创性，但他对魏克塞尔理论的发展与完善还是极其重要的。尤其是通过凯恩斯的著作，这种理论才得到广泛的承认和传播。

任何一个经济学家，有了这两个贡献中的一个，他就会是不朽的，何况凯恩斯是有两个。我想要"埋葬凯恩斯主义"的人也绝不是要否认凯恩斯的这些贡献。他们要埋葬的是凯恩斯国家干预的政策主张。应该说，凯恩斯本人是一个务实的政策官员，他要解决的是现实的经济危机问题。他建立宏观理论体系的目的并不是"为理论而理论"，而是为了解决问题的，因此，从这一理论体系中引导出政策结论是必然的，甚至可以说，他的理论是为政策服务的。这才符合他作为官员而不是学者的身份。

说真心话，我是在计划经济体制下成长起来的，经历了这种体制给民族、国家和人民带来的灾难，对这种体制深恶痛绝，由此对一切国家干预，包括凯恩斯所主张的国家干预，都有一种本能的反对。在经济学中，我是市场经济的坚定"粉丝"，甚至以市场原教旨主义者自居。我也深知，凯恩斯并没有把国家干预作为基本国策，他的国家干预只是在经济遇到极大困难时的一种应急措施。问题是后来的凯恩斯主义者（称为"主义者"，多半是某位伟人思想的歪曲者）把这种应急措施长期化、普遍化了。因此，要埋葬的不是凯恩斯本人的思想而是那些"主义者"的发展，即凯恩斯主义。

就我的愿望而言也是希望埋葬凯恩斯主义的，希望没有国家对经济生活的粗暴干预。又是调整财政政策，又是调整货币政策，调来调去，让人眼花缭乱，不知所措。但我也知道，在现实世界中这是一个永远也不能实现的梦，甚至这样说说都有点痴人说梦。决定这世界运行的既不是人民大众，也不是那些天真的经济学家，而是政治家。凯恩斯主义之所以受欢迎，之所以不仅埋葬不了，反而还会发扬光大，就在于它迎合了某些政治家，或者说官员的需要。凯恩斯本人也是官员。

国家干预有一个隐含的前提，即掌握国家命运的官员都是精英，尽管他们有时也自称是"小老百姓"，但骨子里他们却是以精英自居的。凯恩斯出身于贵族世家，从来没有把自己混同于"老百姓"。他的国家干预隐含的前提是"哈韦路假设"。哈韦路是英国剑桥市的一条街，这里住的都是政府官员与上层人士。哈韦路假设是指这里住的人既有为社会之心，又有治国之能力。由这样的人去干预经济，在经济危机时自然能救劳苦大众于水深火热之中。承认国家干预的合理性，就是承认由精英官员干预经济的合理性。所以，政府官员是不愿意承认市场机制的完善性的，即使在不得不承认市场机制之作用时，也总是强调它如何有缺陷，必须由政府官员来干预。这就是历史上曾出现过许多已被证明为蠢事的干预经济勾当的深层次原因。凯恩斯主义之所以受欢迎正是由于它迎合了某些官员这种有意无意，习惯成自然的心态。

从现实的政治来看，任何官员的任期都是有限的，无论哪一种政治体制下，官员都在追求业绩，希望自己在当政时期有良好的政绩，留下好官的名声。这种名声最重要的表现就是经济状况。所以，平时都希望用各种手段刺激经济，在经济危机时，就更要不惜用一切手段抢救经济，而不管长期的后果如何。这就像医生不惜一切代价抢救病人，而不管留下什么后遗症一样。当然，从好的方面去理解，官员关心社会稳定，经济出了问题，社会动荡，官员当然要不惜用一切手段来维持经济和社会稳定。这也没什么不对的。

政府这种干预经济的想法和做法也有其一定的社会基础。群众都希望经济繁荣，从而使自己生活富裕而稳定，政府刺激经济的做法会受到绝大多数人的欢迎。而且大多数群众也是"近视"，只管现在过得好，哪管以后洪水滔天。尤其在遇到经济危机时，受冲击最大的是平民百姓。他们希望早日摆脱困境，但自己又无能力，只好寄希望于政府。所以，政府对经济的干预遇到的阻力并不大，在经济危机时采用各种措施，无论以后会有什么恶果，只要能看到眼前的利益，就会受到极大的欢迎。反对者只有哪些信仰自由主义的少数人。能认识到国家干预恶果的永远是少数人，他们在社会上的力量几乎是微不足道的。他们对国家干预的批判也只能淹没在群众叫好声的汪洋大海中。

两次世界大战后各国都采取了干预经济的做法，不能说没有成就，但也留下了恶果。20世纪60年代肯尼迪政府刺激经济的政策，引起了美国70年代的滞胀，90年代格林斯潘刺激经济的政策正是这一次全球性经济危机的起源。尽管如此，但国家干预由于有精英官员与无知公众的支持，仍然不会退出历史舞台。尤其在以后遇到经济危机时，还会不断登台亮相。凯恩斯对经济学的贡献是功，但主张国家干预是过。不过罪不在他。国家干预是有深刻经济与社会基础的，没有凯恩斯也会有其他"斯"。自由主义者的批评对社会是有益的，但想埋葬凯恩斯主义就太天真了。

黑格尔说："存在的就是合理的。"这里"合理的"不是说存在的东西一定正确，而是说它有存在的理由，有必然性。凯恩斯主义就是这种意义上的"存在的"。

经济学家要学胡适

我一向敬佩胡适先生。这不仅是由于胡适是中国新文化运动的主将，由于他对中国文化进步作出了独特的贡献，而且还由于他的独立人格和他对政府的态度。

胡适是受美国教育的自由主义者，从本质上是与国民党的专制对抗的。但他绝不是革命者，企图用暴力推翻这个政权。他不反体制，不反政府，但也不是现存体制和政府的帮手，甚至帮凶，当"抬轿派"。他对蒋氏政权的种种专制行为持强烈的批评态度，希望政府以和平、渐进的方式推进民主化。足以体现他这种立场的是他没有组建，甚至参与任何以反政府为目的的政党、组织，也没有在政府中当官（仅当过四年驻美大使也是出于抗日的目的，至于当北大校长，当年并没有"副部级"的级别，不算什么官），始终保持了知识分子独立的身份和独立人格。今天，经济学家受到民众批评，成为"千夫指"，根本原因还不在于他们水平低，而在于缺乏胡适的这种态度。

胡适这种态度的基本立场是不反政府、不反体制。黑格尔的一句名言是"存在的都是合理的"。这句话的意思，不是说存在的都是好的，而是指，无论它好与否，它的存在有必然性。用暴力手段推翻这种合理的存在必将引起社会动乱。无论动机有多善良，社会都要付出惨痛的代价。而且，革命之后，由于社会基础没有变，代替旧政权的新政权，并不一定比旧政权好，也许由新贵代替旧贵，比旧政权更坏。社会进步在于渐进，革命的结果不一定是进步，有时还是退步。不反政府，不反体制有利于社会的稳定。社会只能在稳定中进步。这种进步才会造福于社会和民众。

中国的改革有其固有的弊病，也产生了种种问题。但这是社会进步过程中无法避免的。对于政府主导的市场经济我一直心存疑虑，但仔细一想，这也是必然的。从政府完全控制的计划经济一下走向完全自由的市场经济可能吗？有这个政府主导的阶段，逐渐放开政府对经济的直接控制，才会有以后更自由的经济。三十年的改革经济证明，渐进式的市场化改革成绩是主要的。中国是一个中央集权的大国。中央集权存在了几千年，肯定有它的合理性，企图在短期内，从根本上改革，造成整个社会不适应，岂不要天下大乱吗？大乱之后并不一定是大治，往往是更集权。这就是我们所说的"欲速则不达"。因此，作为经济学家，不应该沉醉于那些自由主义的空谈中，还应该从中国的现实出发。对政府提出的改革总体方针，我们应该持支持的态度。反对政府的总方针是无利于社会进步的。尤其是不能由于改革中的各种问题，而否认改革的总方向。

当然，支持政府的改革总方针，并不等于以"歌德"为主，对政府所做的任何事情都唱赞歌，甘当"抬轿派"。这次经济困难中，经济学家受到指责，就是因为他们抬轿抬得太过分了。一味地歌功颂德，预言中国前途一片光明大好，会以 10% 以上的增长率再持续增长二十至三十年，结果出了这么大的问题。而且，无视经济增长中贫富差距扩大，环境污染和资源浪费的问题。

知识分子的社会责任是批评而不是歌颂。胡适的一生贯穿了对国民党专制的批评，有时甚至是很强烈的抨击。经济学家也不能对政府所做的一切都称其高明、伟大，而是要"鸡蛋里挑骨头"，进行批评。这种批评也许正确，也许不正确，但如果政府以诚恳的态度去听，总会得到启发，有所改进。即使他们批评的不全对，让他们说出来，又有什么可怕的呢？当年蒋政权在大陆崩溃，不在于胡适等自由主义知识分子的批评，而在于它没有听这些批评，甚至压制这种批评。

文人的话不是皇帝的"金口玉言"，没有"一言兴邦，一言灭邦"的作用。我们的知识分子一向缺乏批评意识。这里有体制和传统的原因，但重要的一点还是知识分子有把自己的知识当商品卖，总想用知识换名利的想法。"缺钙"的原因还在于自己的"基因"。胡适 20 世纪 50 年代初流落美国，生活相当艰难，但他仍没有改变过去批评国民党的态度，没有想到用自己的知识和地位去换取荣华富贵，这一点非常值得我们学习。何况现在的经济学家还没有穷到当年胡适的地步。

这次经济困难，国内经济学家，尤其号称"主流"的经济学家受到指责，正在于他们缺乏这种知识分子应有的批评精神。面对美国的次贷危机和金融危机，他们坚持中国一枝独秀的观点。这就使政府失去了及时调整政策的机会。其实国外经济学家早就提出了"拐点论"，预言了中国在高速增长后会有一个向下的拐点，但被国内的经济学家斥之为"中国崩溃论"，还给予驳斥。在一片乐观的气氛中，经济危机出现了。此后，政府采取了刺激经济的政策，出台了 4 万亿的支出计划。对此也是一片赞扬声，而忘却了这种刺激可能引起的副作用。只要政府做好，就是好的，这似乎成了这些主流经济学家固定的思维模式，因此，他们被大众称为"抬轿派"。抬了轿子固然可以换得名利，但对国家，对人民有什么好处呢？人人都来抬轿，轿子到了悬崖边上没人提醒，危险必然发生。做胡适这样的知识分子，就是不破坏轿子，不把轿子往悬崖下推，也不抬轿子，但随时提醒轿子可能会遇到的危险。破坏轿子和抬轿子，所做的事完全相反，但结果往往是相同的——使轿子颠覆。

现在的经济学家中，想把轿子推下悬崖的人不多，但他们所说话也并非不可听。国外的一些经济学家恐怕属于这一类，但他们指出的轿子行进中的许多困难，尽管有所夸大，也不完全正确，但仍然值得我们注意。绝大多数主流经济学家属于抬轿派。真正的"提醒派"现在则太少了。我提倡经济学家学胡适，就是希望经济学家当"提醒派"，而且要尖锐一些。只要不以名利为目的，学习胡适的态度还是没有什么危险的。向胡适学，关键还在于个人的良知。

中国智库缺钙

智库又称思想库（thinktank），是独立于政府的政策研究和咨询机构。中国的决策走向科学化和民主化，智库的作用不可缺。据中国自己的统计，中国的智库机构有两千多个，甚至超过美国的 1777 家；而据美国的统计，中国的智库机构仅 74 家。不过智库的量并不重要，关键在于智库的质量。

美国的智库所起的作用是中国的智库远远赶不上的。这其中的原因很多，但重要的一点是中国的智库严重缺钙，即缺乏独立性，没有自己的独立见解。

缺钙首先是缺钱，不能养活自己。接受政府的拨款就要听政府的话，为政府服务；接受洋人资助的，不敢得罪洋人；靠地方政府和企业养活的，则要为它们服务。"拿人家的手短"，经济上没有独立性，学术上就没有独立性。当然，这种有人养的智库也是必要的。政府应该有自己用财政养活的智库，研究制定政策中的各种问题，比如，财政支出的投资乘数有多大，货币乘数有多少。企业也要有自己的智库，研究企业决策中遇到的各种问题，比如是否与另一企业合并或是否进行某项投资。这些智库虽然也为出资者服务，但学术上坚持实事求是，不迎合部分领导的意图。研究什么是由出资者定的，但结论不是来自出资者。

一个社会要有多种声音，民间的智库同样必要。民间智库在研究的内容和结论上都要有独立性，可以与政府的智库唱对台戏。这些智库可以由各种基金会养活。现在不少人把捐助理解为扶贫，资助希望工程或帮助穷人解决一些问题。这是一种误解，比扶贫更重要的是资助各项社会公益事业。智库就是其中之一，基金会出钱，但对智库研究什么，得出什么结论并不管，智库就可以提出自己独立的见解。智库之间也可以展开竞争，优者能得到基金会的资助，生存下去并求得发展，劣者只好自生自灭。基金会如果起到扶强灭弱的作用，智库就可以健康发展。

但是，缺钙绝不仅是钱的问题。缺钙不仅仅是缺钱，还有许多其他因素。智库是以文人为主体的，中国的文人历来由统治者养活，自来就有缺钙的基因。封建社会中只有媚上才能荣华富贵，光宗耀祖，计划经济下不媚上连生存都困难，何谈发展。市场经济了，除了媚上，又开始媚钱。"有奶就是娘"成了一些文人的至理名言。为了钱可以付出一切，何况独立性？其实市场经济下的文人完全可以靠自己的知识，有尊严地生活，但长期以来养成的媚骨，要改也难呢！这里需要改变的是社会经济体系。不能以金钱、社会声誉来评价文人，文人也不能以追求名与利作为人生目标。一个社会需要众多有独立人格的文人。他们发出的不同声音可以使政府有纠错机制，这样社会才能和谐。社会舆论如果都是同一种声音,那太可怕了。只要智库的领导者和成员有这种独立精神,智库就不会缺钙。

文人的独立人格和智库不缺钙,还需要来自本身的能力。学术上没有水平,研究工作没成绩,哪里有独立的底气?过去鲁迅、胡适、陈寅恪、傅斯年这一代人都是有自己的独立性的,说到底还在于他们学术上的成就。在一个浮躁的时代,很少有人下决心坐十年冷板凳去做研究工作,独立的底气从何而来?这就使我想起这次经济危机之前还有一些著名的经济学家大讲中国经济可以高速运行二十年以上,大讲美国金融危机对中国没什么影响,无论世界如何,我们仍可以独善其身,中国不会大起大落云云。这种对经济的错误预测使政府失去了调整经济政策的最好时机。这样的专家能独立起来吗?由他们领导的智库,能不缺钙吗?某些智库没有对现实问题进行深入的研究,只是坐在办公室里靠上网收集资料,推测上面的意思而作出结论,没有自己的独立研究能力,能不缺钙吗?

智库有钙的关键还在于其本身的研究能力。你的研究成果正确、预期准确,有说服力,自然会得到社会公认,你独立的言论也自然会受到重视,基金会也乐于资助。这种独立也来自学习。对于国外的研究,我们不能言听计从,但亦要重视吸收别人有用的研究成果,不能一概否定。举一个例子,前几年国外盛行中国经济崩溃论,我们一律斥之为反华合唱中的一曲。崩溃论中确实有对中国问题的扩大和恶意倾向,但他们看出了中国经济过热所引起的后果,并提出了中国经济出现拐点的预测,许多观点还是值得我们注意的。作为官方表态,驳斥这种观点是必要的,但作为一个独立的智库,还是应该不受意识形态的影响,吸取其中可取的内容。智库的独立性正在于不受主流意识形态的左右,能客观公正地看问题。

　　中国的发展需要有不同类型的智库，这需要制度的完善，也需要智库自身的努力。缺钙并不可怕，怕的是满足于缺钙，补钙需要外在环境，也需要内在努力。

看事件

创业板险上加险

创业板的最终上市引起股民的极大兴趣。但股民在进入创业板之前，必须了解它与主板有什么区别。

在创业板上市的企业是从事科技创新的中小企业。科技创新是一项高风险的投资。这些企业规模小、风险大，不可能依靠自有资金，也难以从银行获得贷款。它们创业所需的资金来自风险投资公司、基金或者股市。在发达国家，股市成为这类企业筹资的主要渠道，美国的纳斯达克就是这种股市。这类企业的特点是高风险、高回报。如果创业不成功，筹来的资金就会付诸东流；如果创业成功，则有高收益。20世纪80年代网络兴起时，许多网络公司都是用这种方法筹资的。成功的固然有，但失败的也无计其数，真是"几家欢喜几家愁"。这类企业通过股市筹资的最大好处就是共担风险，共享利益。企业本身或风险投资公司与基金也许无法承受如此大的风险，但通过股市把风险分摊到更多人的身上，承受风险的能力就强了，投资失败不至于引起社会震荡。同时，这些企业的收益由更多的人分享，也有利于社会和谐。而且，创业板的股民也成为这类企业投资的导向。大家看好你企业的项目，股票就有人购买；大家不看好你企业的项目，股票就没人购买，企业当然无法投资了。

从创业企业这种高风险、高收益的特点来看，与普通股票相比，创业板的股票就是"险上加险"。创业板股票与普通股票有同样的股市风险。股市受宏观形势、企业业绩、政策走向，甚至流言蜚语的影响。这些因素很难准确预测。因此，股市的波动，甚至大起大落都很正常。"股市有风险，入市须谨慎"，这句股民极为熟悉的话，正是对股市风险的写照。但创业板的股票在这种风险之外还有另外一种风险，那就是创业企业从事科技创新的风险。而且，这些企业进入股市，这种风险就要被放大。这就使创业板的股票比一般股票的风险要大得多。如果说普通股票"有风险"，创业板股票就是"更有风险"，如果说普通股票进入"须谨慎"，创业板股票就是"须更加谨慎"。

那么，什么人适合进入创业板当股民呢？按照对风险的心理承受能力，我们把人分为风险厌恶者、风险中性者和风险喜爱者。风险厌恶者是讨厌风险的人，这类人承受风险的心理能力弱，股市一有波动就心惊肉跳，这类人不适合进入创业板股市，甚至不适合进入普通股市。风险中性者比风险厌恶者承受风险的心理能力强一点，但也不适合进入创业板市场。只有风险喜爱者以承担风险为乐，要的就是那种刺激，最适合进入创业板市场。换言之，天生爱冒险的人应该成为创业板的主力股民。此外，承受风险的心理能力也与承受风险的实际能力相关。所以，资金雄厚的股民进入创业板更为适宜。

当然，我们所说的承担风险也不是赌博式的"撞大运"，那是一种赌徒的做法。从风险中获益靠的是理性分析。说到底，能在股市赚钱，靠的还不是"运气"，而是分析判断的能力。这一点对于创业板市场更为重要。

建立创业板市场是中国经济和股市发展的需要，祝愿创业板市场一路走好。

绩效工资之忧

政府决定在事业单位实行绩效工资，而且首先在学校和医院实施。这有利于提高这些单位员工的积极性，并增加他们的收入，当然是一件好事。在事业单位引入企业的激励机制也是改革的一种尝试。但激励机制是一把"双刃剑"，运用得好，可以提高效率，运用得不好，也会成为"负激励"。即使在企业里，绩效工资也并不是一用就灵。在事业单位，要考虑的问题就会更多。

事业单位与企业不同。企业以利润最大化为目标，它们把自己合法赚的钱以绩效工资的形式发给职工，无可厚非。但公立学校、医院之类事业单位的目标绝不是利润最大化。它们应该以提供更多更好的社会服务为目标，其经费主要来自政府财政拨款。这些年来，由于财政拨款不足，许多医院、学校只好"创收"。其结果是居民医疗和教育支出增加被人们称为"两座大山"，引起群众强烈不满。公立学校和医院"创收"绝不是市场经济的原则。政府应该加大对公立学校和医院的拨款，彻底改变这些原本应提供社会服务的事业单位"见钱眼开"的不良风气。

但是，可以预料，这些事业单位实行绩效工资无疑会加剧公立学校、医院"向钱看"的倾向。一来政府拨款现在不可能大幅度增加，绩效工资主要还靠自己"创收"，二来各单位之间会进行攀比，而且为了激励大家的积极性，吸引人才，领导也有不断提高绩效工资水平的压力。这样，绩效工资的实施很有可能会引起医疗教育的收费增加，使这"两座大山"更为沉重。尽管政府有各种政策限制医疗与教育的价格，但在绩效工资的压力之下，"上有政策，下有对策"，各种变相收费、提价的花招是难以扼制的。

绩效工资的另一个值得忧虑的问题是如何衡量业绩。在企业实行绩效工资时，业绩的衡量也一直是一个困难的问题。在事业单位这个问题就更困难了。原则上可以根据数量、质量、效果等标准衡量业绩，但因为这些标准很难数量化，所以说起来容易，做起来不容易。比如在学校，根据班级授课人数工作量等定标准并不难，但教学质量如何衡量则是一个大问题。如果按学生评分，对学生要求严格的教师就要吃亏。在学生评分的压力之下，教师很可能会放松要求，讨好学生。按升学率，考试成绩，这又会引起应试教育，而且差班的学生没人愿意教。医院也同样存在类似的问题。死亡率恐怕是医疗效果的重要标准之一。但如果这样的话，谁还会愿意接诊那些危重病人，或者绝症病人呢？学校和医院难以实行绩效工资，原因就在于教师、医生这些职业的业绩实在难以量化衡量。

如果没有客观标准，绩效工资就有可能缺乏公正变为负激励。比如，两个教师其他条件相同，但一个带的班学生素质好，而另一个带的班学生素质差。后一个老师再努力，学生的成绩和升学率也差，导致他的收入就低。这种绩效工资不仅不能激励他教好学生，反而使他感到领导对他不公正，从而产生消极情绪。这种情况没有实行绩效工资时就大量存在，实行绩效工资，学生的成绩、升学率与收入直接相关，问题不更大吗？

对教师和医生提高经济利益，我们应该重视，也应该使他们的收入不断增加，但还要提倡奉献，不能一切"向钱看"。绩效工资本质上仍然是一种物质激励，本身就存在"向钱看"的导向。如何在实施过程中避免这种不利的影响，是一个涉及社会主义精神文明的重大问题，我们不能掉以轻心。

白酒该不该涨价

政府有关部门决定提高白酒的税率，白酒企业便酝酿涨价。在公众的心目中，白酒价格已经相当高了，白酒也属于暴利行业。因此，媒体上一片反对声。白酒到底该不该涨价呢？

在分析这一问题时，首先要明白两点：白酒属于奢侈品，且饮酒过多不利于健康，也不利于社会和谐。国家对白酒征收重税，既可以增加财政税收，又可以减少白酒的消费。因此白酒加税合情合理，无可厚非。而且，白酒不属于基本生活物品，它的价格高低并不影响百姓的基本生活，因此价格完全由市场决定，国家不应干预。换言之，白酒的价格完全是市场化的，定价权在企业手中。企业完全有权自行决定涨价或降价。

那么，企业该不该涨价呢？我们来看税收对白酒价格的影响。我们知道，税收分为直接税和间接税两种。直接税是指税收负担由纳税人承担的税收，比如个人所得税。间接税指税收负担并不一定由纳税人承担的税收，比如白酒税就是如此。白酒税是向企业征收，但并不一定全由企业承担。企业可以自己承担税收，也可以通过提价把税收转嫁给消费者。

企业能否通过涨价把税收转嫁给消费，能转嫁多少，取决于白酒本身的需求弹性和供给弹性，以及市场竞争的激烈程度。需求弹性指消费者的需求对价格的反应程度。如果价格上涨之后需求的减少小于价格上涨的幅度，我们称为需求缺乏弹性，反之就称为需求富有弹性。供给弹性指生产者的供给对价格反映的程度，如果价格上涨之后，企业难以迅速调整生产，减少产量就是供给缺乏弹性，反之则是供给富有弹性。一般说来，一种商品需求缺乏弹性而供给富有弹性，企业就可以在税收增加之后通过涨价把税收转嫁给消费者。

白酒业的需求与供给弹性如何呢？白酒的需求是缺乏弹性的。一来有相当一部分人养成了逢饭必酒的习惯，无论价格再高，总要喝二两才舒服。二来社交中大量用酒，这些酒由机关或公司出钱，喝酒的人对价格没什么概念。白酒的供给在短期内还是缺乏弹性的，但时间长一点，企业仍可以根据需求来调整生产。如此看来，白酒企业的确可以通过涨价把大部分税收转嫁给消费者。

当然，白酒是否涨价还取决于市场的竞争状况。对于不同的白酒，市场竞争情况并不一样。高档白酒具有品牌优势带来的垄断地位，因此，尽管也有竞争，但并不激烈。一般白酒没有垄断地位，竞争就相当激烈。尤其现在白酒市场供过于求，更使竞争白热化。这种市场状况就决定了高档白酒可以涨价，而一般白酒难以涨价。从媒体报道看，涨价积极的也是这些高档白酒的生产厂家。

白酒企业以利润最大化为目标，无论税收增加与否，涨价还是降价，完全取决于自己的经营对策，我们无可厚非。对于白酒行业的暴利，政府可以用税收调节。一是对利润部分实行累进所得税。二是引导企业把利润转化为投资，尤其是投资于非白酒行业，拉动经济。

　　"天要下雨，娘要嫁人"，这都是我们无可奈何的事。白酒要涨价也属于这类事，我们再说什么也没用，还是由它去吧！对企业管得太多，不是市场经济的做法。

"绿坝"为什么不受欢迎

工信部为了保护青少年不受网络污染设计了"绿坝"软件,并计划强制安装于每一台国产电脑,但遭到了绝大多数网民的反对。一件动机良好,且耗资几千万元的事情,为什么落得如此下场?

如此众多的网民不买这份好心的原因,在于它违背了"以人为本"的原则。在消费领域,"以人为本"就是要尊重消费者主权的原则。消费者主权就是要给消费者以自由选择的权利。愿意消费什么,不消费什么应该完全由消费者作出自主决策。在上网问题上,体现为从网上寻找什么信息,这完全是消费者的自由。用一个软件来为消费者作出选择,这就违背了消费者的自由,侵犯了消费者的权益。干预消费者自由的做法,无论其动机多良好,都会引起消费者的反对。就像家长为学生选择专业,违背了学生本人的意愿,学生能不反对吗?

家长为学生选专业背后的潜意识是我为你好，我比你高明。政府为电脑设计"绿坝"软件也是出于同样的潜意识。但政府真的比网民高明吗？我看未见得。记得20世纪80年代初，我们引进了苏联电影《这里的黎明静悄悄》，有关部门在审查时删去了其中一个女兵洗澡的场面。这个场面是为了展示人性之美，指责战争之违背人性的，删去之后电影的这种意义就削弱了，而且破坏了整部电影的连贯性和完整性。一把拙劣的剪刀破坏了一部电影的完美，当时就遭到许多有识人士的反对。如今过去了二十多年，我们所做的事情却与过去一样。"绿坝"就是那把剪电影的剪刀。在消费问题上，政府千万别以为自己比消费者高明。消费者是理性的，有自己的判断能力，不需要别人为他做选择。不同的消费者欲望不同，需求也不同。消费者的欲望千差万别，绝没有任何一个"上帝"可以为他们作出决策。"绿坝"当然也不能成为保护消费者的"上帝"。

　　诚然，我们不否认网上也有大量垃圾信息，有一些不利于青少年成长的黄色与暴力内容。防止这些内容毒害的方式是引导而不是用"绿坝"去强制。首先是要加强对网站的监管，防止它们发布、传播不良信息，不堵住洪水，再好的"绿坝"又有什么用呢？其次，是要对网民进行引导，让他们自觉地不选择不良信息。尤其是让家长、学校和老师承担起引导青少年的责任。大家都有了抵制不良信息的能力，这才是真正的"绿坝"。最后，我们应该把钱用在提供更多、更好的网络信息上，而不是把钱用于筑"坝"上。正确的信息打败不良信息的关键还在于正确信息的受欢迎程度，不在于用什么强制手段。网络这个阵地，正确的信息不去占领，不良信息就会乘虚而入。我们的许多正确信息还是太教条、太呆板，缺乏对网民，尤其是青少年的吸引力。

　　"绿坝"还有一个致命的缺点，那就是技术上不成熟。删去了不良信息，但往往也删去了许多网民需要的信息。这种"宁可错删一千正确信息，也不放过一个不良信息"的做法，花了钱却给网民带来不便，网民当然要坚决反对。一个本身有缺陷的"绿坝"，能起到什么保护作用呢？

　　好在工信部已经认识到这一点，允许消费者有选择地采用"绿坝"了。不过我觉得如果一开始就先充分论证"绿坝"的可行性，比贸然投入几千万，效果可能会更好一些。

增税与禁烟

最近，政府决定把香烟的税收由 45%提高至 56%，目的是为了鼓励人们减少吸烟。但增税能否禁烟呢？这在经济学界历来是一个有争议的问题。

香烟是一种间接税，这种税收负担理论上应该由生产者和消费者共同承担。在市场上，最后由生产者承担还是由消费者承担则取决于各自的市场垄断地位和供给与需求弹性。就香烟而言，生产者是寡头企业，处于垄断地位，而消费者是一盘散沙，毫无垄断力。从弹性来看，生产者可以根据市场需求来调节生产，使供给富有弹性，而消费者对香烟一旦形成依赖就难以摆脱，因此需求缺乏弹性，在这种情况下，香烟税就只能由消费者承担。生产者可以通过提价来把香烟税转嫁给消费者。事实上世界各国的情况也都是如此。所以，增加香烟的税收就等于提高香烟的价格。

那么，香烟价格的提高能不能起到禁烟的作用呢？这就要看价格对香烟的需求有多大的影响。我们知道，价格是影响需求的因素之一，但绝不是唯一的因素。价格对需求的影响到底有多大，还取决于需求价格弹性，即消费者对价格变动的反应程度。需求富有弹性的商品，消费者对价格变动的反应大，所以价格变动对需求的影响大，价格变动时，需求量的变动大于价格的变动。但需求缺乏弹性的商品，消费者对价格变动的反应小，所以价格变动对需求的影响小。如前所述，香烟是一种需求缺乏弹性的商品，由于增税所引起的价格上升对需求的影响极为有限，试图通过这种增税的方法来达到禁烟的目的，作用恐怕是微乎其微。

根据美国的研究，香烟价格上升10%，需求量减少4%。我认为，在中国香烟增税提价的影响恐怕要比美国少得多。一来美国社会已形成禁烟的风气，许多美国人认识到吸烟的危害性，社会禁烟的力度也在不断增大，即使香烟的价格不提高，吸烟者也在呈下降趋势。在中国，人们对吸烟危害的认识以及社会的禁烟力度还远远没达到这个水平。而且，对吸烟危害的认识和社会禁烟力度都有一个渐进的过程，很难"立竿见影"。二是美国的吸烟者中，以中低收入者和年轻人为多，这些人收入不高，因此对烟价的需求弹性要大一些。成年人吸烟已成习惯，难以戒掉，提价的作用不是十分明显，但对年轻人还是见效的。据统计，价格上升10%，青少年的吸烟量就会减少12%。但中国的烟民状况并非如此。

香烟提价在美国有一定作用也与烟民都是自费买烟相关联。但在中国，烟民就要分为"自费烟民"与"公费烟民"两种。提价的影响只在"自费烟民"身上。但自费烟民又可以分为高收入者和低收入者。对高收入的自费烟民，提价基本不起作用，因为吸烟的支出与收入相比太微不足道。有能力开悍马车，戴伯爵表，吸几盒烟算得了什么呢？对低收入的自费烟民，提价的作用也有限。像众多民工，生活中没有更多享受，工作又沉重，吸烟几乎成了他们唯一的休闲方式，何况他们吸的都是低档烟，增加税收所引起的价格上升也并不大，对禁烟所起的作用肯定比美国小。

中国存在一种美国所没有的现象，即"公费烟民"的存在，所以中国有"抽烟者不买烟，买烟者不抽烟"的说法。"公费烟民"又分为两种。一种是抽公家买的"招待烟"，另一种是抽别人送的"公关烟"，或说得难听一点叫"腐败烟"。这种现象由来甚久。早在20世纪80年代初，外国记者很不理解，一个月收入几百元的中国官员如何抽得起一盒十几元的"三五"、"万宝路"或"箭牌"。因为在他的观念里，无论什么人吸烟必定是自买的。他不明白中国的国情是可以"我抽烟，你买单"。中国烟草行业有一种特殊现象，即有极高档的烟，如一盒200元以上的"黄鹤楼"或"九五至尊"。而且，越是高价的烟，越好卖。支撑这种现象的就是"我抽烟，你买单"。公家花钱买烟，用于招待客人，是为了有"面子"。烟价越高，"面子"越大，高价烟就有了市场。送"公关烟"是为了办事，烟价越高，事情越好办，这点道理，送礼者都知道。所以，对"公费烟民"，烟价毫无需求弹性，你增税提价又有什么用呢？

其实这点道理，不学经济学也知道，所以，许多媒体毫不客气地指出，香烟增税意不在禁烟，而在于增加政府税收。其实政府要增加税收完全不用打禁烟的旗号，因为通过烟草的高税收来增加政府收入是各国的普遍做法。而且，增加香烟税收也是合理的。香烟并不是生活必需品，增加税收并不影响人民的基本生活，何况政府把从香烟中得到的税收用于社会公益事业，对整个社会是有益的。所以，反对对香烟征收重税的人并不多。政府完全不必打着"禁烟"的旗号来行增加收入之实。至于禁烟则还要靠提高社会文明程度和各种立法。

但我特别强调政府要明确提高香烟税收的目的。不同的目的，提税的做法是不相同的。如果真是为了禁烟，那么各种烟提税的幅度应该一致，但如果增税的目的是为了增加税收，做法就应该不同。高价烟主要由高收入者和"公费烟民"享用，提税的幅度应该高一些。低价烟主要由低收入的"自费烟民"消费。这些人一时改不了吸烟的习惯，增税提价会增加他们的负担，所以可以少增税或不增税。这就是香烟增税的"人本原则"。

我们早就提倡"实事求是"。在当前经济遇到困难，政府财政收入大幅度减少的情况下，通过提高香烟税来增加税收，没什么不妥之处，何必非要打出"禁烟"的招牌呢？

再反"包办婚姻"

近一百年前，"五四"运动拉开了反包办婚姻的序幕。不过包办婚姻的恶习极为顽固，20 世纪 50 年代又由小说《小二黑结婚》再次吹响了包办婚姻的号角。今天我们再弹反对包办婚姻的老调，指的不是男女的婚事，而是企业的"婚事"，即企业之间的合并或重组。

如今宏观经济政策中重要的内容是"调结构"。调整经济结构的内容之一是通过企业合并或重组，把企业做大做强。企业合并重组与婚姻一样可以带来规模经济、效率提高等诸多好处。但并不是每次结婚都能带来好处，也不是每次企业合并重组都能带来效率。关键是看如何结合。由"父母之命，媒妁之言"包办婚姻的结果好的少，同样由"政府之命"包办的企业合并，结果好的也不多。

说到企业合并重组，我想到了泛美航空公

司。国外媒体曾争论洛克比空难的主犯该不该释放。而汽美正是洛克比空难的受害者。当年，泛美和环球一样都是美国鼎鼎大名的民航公司，但如今航空业早就没有这两家公司的名字了。它们到哪里去了？原来在美国 20 世纪 90 年代的产业结构调整中早已被其他公司兼并了。说来泛美、环球公司当年规模都很大，且极负盛名。美国民航业在 80 年代之前是禁止别家企业进入的，泛美、环球拥有垄断地位，垄断把它们惯坏了，造成效率低下，亏损严重。80 年代民航业放开之后，西南航空、达美（Delta）等小公司进入，它们靠效率和服务把泛美、环球这些老资格的大牌企业打垮了。美国民航业的效率和服务才得到大大提升。

　　美国民航业的企业合并重组之所以成功就在于它是由市场主导的"自由恋爱"。由市场主导，企业合并重组则在竞争中完成，优胜劣汰，谁的效率低，谁就被兼并，谁的效率高，谁就可以重组别人。这样，企业合并重组的结果必定是"帕累托改进"。这就是市场经济的原则。

　　而我们正在进行的企业合并重组，则是由政府主导的。政府的主导思想是要由国家对与国计民生相关的行业实现绝对控制。这就决定了企业的合并与重组是由国有企业去兼并其他企业，而不管它的效率如何。或者说，重组的方针是国进民退。国有的山东钢铁兼并了民营的日照钢铁，并不是山东钢铁的效率高于日照钢铁。山东钢铁原有的产能并不比日照钢铁高（都是 700 万吨）。至于效率，山东钢铁更不如日照钢铁，前者亏损，而后者盈利。山东钢铁能兼并日照钢铁，就是因为它是国有企业。政府给钱、给政策，让山东钢铁去兼并日照钢铁，它效率再低，再赔钱也能完成兼并任务，但兼并之后的结果恐怕是不言而喻的。同样，山西国有的煤矿去兼并民营煤矿也不在于它们事故少（国有煤矿事故的次数的确少，但发生一次事故，伤亡人数却不少），还在于它们有国有的"红"帽子。

市场经济中的企业合并重组有利于整个社会效率的提高，究其关键还在于公平竞争。无论是什么企业，哪一种所有制，原来的规模有多大，效率面前人人平等。银行贷款"嫌贫爱富"，爱的是高效率。我们以所有制来决定企业的事实不平等地位，借结构调整来实现国进民退。这都与市场化改革的方向背道而驰。市场经济偏爱的是效率，而不是哪一种所有制，也不论国有还是民营。我们的宪法规定了社会主义市场经济是多种所有制并存而平等的，我们在具体做法上，有什么权利给国企在企业兼并上以特殊的地位？改革三十多年的经验证明民营经济的发展有利于国计民生，有利于社会和谐，对建设社会主义市场经济有百利而无一弊，他们为什么不能兼并低效率的国有企业？就是国有企业的兼并也要奉行公平的原则，不能由政府指定 A 国企去兼并 B 国企。

家长要包办婚姻是总认为自己比子女高明，其动机还是为了孩子幸福。政府在企业合并重组问题上"包办婚姻"同样是认为自己高明，其动机也是为了企业和国家好。但用包办的办法来实现善良的动机往往适得其反。家长未见其比子女高明，政府也未见其比企业高明，看看由政府包办的高校合并，就知道，由政府包办企业合并重组有什么结果了。

市场经济的原则是政府管好该自己做的事，如社会保障、教育等，放开自己不该管的事，如企业合并重组。提出建立社会主义市场经济的方针也快二十年了，怎么一遇到具体问题就反其道而行呢？看来，反"包办婚姻"还任重而道远呢！

水涨价是实践科学发展观

北京市最近确定提高水的价格。这件事表面看来仅仅是经济现象中常见的物价调整，而实际上是在落实科学发展观。有必要把这件看似并不大的事如此"上纲上线"吗？

当前的经济困难尽管有美国金融风暴的冲击，但说到底还是没有落实好科学发展观。科学发展观是要求实现平衡、稳定、和谐的发展，并不是一味追求 GDP 的增长率。前些年经济增长过快，不仅由于某些人对"发展就是硬道理"的误解，而且还在于一种对 GDP 的追求有实现的条件。这种实现的条件之一就是包括水在内的各种资源的价格太低，不能反映资源的稀缺程度。据统计，由于资源价格低和企业对环保、社会的责任缺失，使成本减少了 20%—40%。在这种低成本之下，资源被过度使用，企业盲目追求迅速发展而引起经济过热。过热之后当然是过冷，这就引起自 2008 年以来的经济困难。

提高水价，纠正被扭曲的资源价格，有助于企业真正实现平衡、稳定的发展。水的价格恢复到应有的水平，可以激励企业更有效地用水，靠提高效率而不是靠过度消耗水来发展。而且也有利于整个社会提高节水意识。特别要注意的是，过去我们也经常宣传节水的重要性，但总不见效，关键就在于缺乏必要的手段。在市场经济中这种手段不是行政的惩罚而是价格。水价上去了，再像过去那样用水就要赔钱，就要破产，你看它想不想办法节水。提高水价还会淘汰一批"水老虎"企业，这也有利于产业结构调整，使经济走上科学发展之路。

科学发展观中含有和谐因素，提高水价会加重低收入群体的负担，这能有利于和谐吗？任何一种政策都是有利有弊的。提高水价是利大于弊的。当然，对于"弊"我们也不能听之任之，要想办法把"弊"减少到最低。具体做法就是不能"一刀切"，要实行阶梯水价。阶梯水价也称为歧视价格，就是同样的东西对不同的人收取不同的价格。

水的阶梯水价或歧视价格，是对企业和居民收取不同的水价。一般说来是企业水价高一些，居民水价低一些。但对企业也并不是相同的水价。对一些政策限制发展的行业，如污染企业或要淘汰的企业，以及奢侈性消费企业，如洗浴中心等，则要实行高水价，而对一些政府支持的行业，如高科技行业或创新型企业，则实行低水价。而且，这种定价也不能"一价定终身"，要根据经济发展的情况不断进行调整。总之是把水价作为一种调节经济结构的工具。对居民用水，则按用水量收费，保证生活必需的水，收取低价，超过这个量实行累进定价制。这样既有利于保证低收入者的生活必需，不至于因为水价上升而给他们带来生活困难，又实现了公正，有钱者用水多就要交更多的钱。

水定价的原则是总体上价格水平能反映水的稀缺程度，有利于保护资源，再用不同的收费标准，有利于社会和谐。定价应该是一个需要大量调查的工程，而不是仅靠听证会定价的面子工程。

水价是调整资源价格的第一步，以后还应该调整成品油、电力、矿藏资源，土地等资源的价格，使价格机制起到更好的调节作用。这次调整水价也可以为全面调整资源价格积累经验，实践科学发展观。

医改重在落实

全民盼望已久的医改方案终于出台了。应该说，这个医改方案以实现全民医保为目标，且提出了许多实现这一目标的措施，方向是正确的，值得我们欢迎。

然而，"看病难，看病贵"是长期存在的问题，其中涉及太多的难题，涉及不同利益集团的利益，决非一朝一夕可以解决的。在医改问题上可以借用孙中山先生一句话：革命尚未成功，同志仍须努力。要使写在纸上的医改方案得到实施，还有漫长的道路，还有许多工作需要我们去做。

医改之难首先还是一个"钱"字。长期以来，公共投入中用于医疗的支出太少，甚至在财政支出中所占的比例也在下降。各级政府把钱用于发展经济，有意无意地忽视了医疗问题，而没有认识到，医疗与经济发展是直接相关的。只有老百姓的医疗有了保证，他们才会把钱用于消费，才能促进经济发展。

消费是拉动经济"三驾马车"中最重要的一驾。我们经济中的内需不足，主要是消费不足，而消费不足的原因之一就是医改的滞后。只有把医改不仅仅作为一种社会保障，而是作为拉动经济的动力，才能大幅度增加投入。

保证医改投入不仅需要认识的提高，更重要的是制度上的保证。近期中央决定增加 8500 亿作为医改的资金，为医改的起步奠定了基础。但医保支出不是一次性支出，而是长期的支出。要使医保的支出不断增长，必须有财政制度的保证。这次支出其实有点"还账"的性质，以后的支出更为重要。在政府的财政支出预算中要有医保这一部分，而且要保证这一部分随着 GDP 和财政收入的增长而增长。医保的支出也不能仅仅靠政府的承诺，而要靠制度来保证。所以，与医改同时进行的还应该有财政改革。

医保的成功与否最后还要靠医院。因此，现行医院改革体制的改革是医保成败的关键。这里有两个问题。一是医院要分为公立的和民营的两块。公立医院由政府拨款为主，提供公益性医疗服务。这种医院不能以利润最大化为目标，不能用各种形式创收。民营医院可以以"利润最大化"为目标，与一般的企业一样，但要由监管部门进行严格的监管。这两种医院中，要以公立医院为主，政府要加大对这种医院的投入。二是社区医院问题。要保证全民医保，让老百姓看病方便，建立与完善社区医院是关键。现在许多人不信任社区医院，大病小病都往大医院跑，关键还在于社区医院医疗水平低。因此，政府必须加大对社区医院的财力与人力投入。比如，规定医科大学的学生必须有在社区医院工作的经历，大医院的优秀医生每年有一定时间到社区医院工作，社区医院的医生定期到大医院进修等。同时，财政要保证社区医院的医生收入与大医院的医生收入相当。医改最难处在于农村，农村社区医院水平落后制约了农民所能享受到的医保。所以，加大对农村社区医院的投入是保证医改成功的关键。

医保所需的资金很多，远非财政所能支撑的。所以，医保还需要得到社会捐助体系的支持。现在的捐助主要是"一例一捐式"的，即报上介绍一个危重病人如何困难，然后才有人捐助。这种方式的运行不规范，而且只能解决个别人的问题，无助于整个社会医保水平的提高。要建立一个全社会性的"医疗捐助体系"，个人和企业所捐助的钱不是用于个别病人，而是用于整个医保，让所有患重病而又贫困的人都能得到社会的捐助。这也需要制度的建立和 NGO 组织的发展。

医保的方向明确了，但要落到实处，还有大量的工作要做。只有在实践的过程中不断发现问题，解决问题，医保才能由理想到现实。

芭比娃娃之路走不下去了

一个中国生产的芭比娃娃在美国海关的到岸价为 2 美元，但在市场上零售价格为 9.99 美元。这其中的将近 8 美元，作为智力附加值被美国拿走了，与我们无关。作为生产者，中国得到的 2 美元中，1 美元用于运费、税收和其他管理费，0.65 美元用于进口的原材料，真正留给我们的只有 0.35 美元的加工费。

我们经济的起步就是从赚这点加工费开始的。由我们的民营企业代工，或者 OEM（贴牌生产），或者由外国人投资建厂。那时有大量进入城市的农民，工资十分低廉，尽管加工费低，但企业还可以生存下去，并得到发展。中国从此融入世界开始了经济的高速发展。其实，许多国家的发展走的都是这一条路。曾经获得诺贝尔奖的美国经济学家刘易斯把这种发展途径总结为"刘易斯模式"，即劳动力供给无限的发展中国家通过低工资，低成本的途径实现自己国家的经济起飞。

但这一条路仅仅是经济起飞的起点，并不是经济最终成功之路。当一个经济中劳动力无限供给的状态已结束，即出现"刘易斯拐点"时，这个国家就必须实现转型。中国的经济面临的正是这种转型。

当前，中国的宏观经济形势，加剧了这种转型的迫切性。一方面加工出口的局势不容乐观。国际上，由于中国外汇储备剧增，人民币汇率升值，同时，美国次贷危机，石油涨价、粮食涨价，引起整个世界通胀加剧，经济衰退。专家预计，今年中国的出口增长会由过去的25%左右下降为8%左右。如今出口减少已然明显。从国内看，自从2003年以来高达10%以上的增长导致经济过热，通胀严重，政府不得不实行从紧的货币政策。

经济形势的变化对不同企业的影响是不同的。对那些实力强大的企业，尤其是国有企业，影响也是有的，但不是生死的问题，而且，它们的抗风险能力也强。这样的形势无非使它们减少一点利润而已，何况还有政策作为后台。但对于民营企业，尤其是中小企业则是生死存亡问题，闯过这一关，企业可以走上一个新台阶，而闯不过这一关，几十年的辛苦奋斗就会付诸东流。

"生存还是死亡"这个莎士比亚式的难题又一次困惑着我们，实现转型才是成功的生存之路。也许这不是最后的斗争，但对民营企业而言，却是一次关键的斗争。

乙肝免检与平等

最近政府有关部门决定对乙肝病毒携带者的就学就业免除检验。这不仅使数千万人获得了平等参加工作的权利，而且也是我们在平等道路上迈出的一大步。尽管是小事一件，但意义却不亚于美国解放黑人事件。

"天赋人权，人人平等"这是几百年前启蒙时代的口号。市场经济的原则之一就是平等竞争。只有人人有平等竞争的权利，他们才能充分发挥自己的才能，为社会经济发展作出贡献。当然，每个人的能力不同，竞争的结果也不同。平等是起点的平等，是权利的平等，不是结果的平等。但只有起点平等，社会才有纵向流动，即在平等的竞争中使原来地位低下的人，凭自己的能力升到社会的上层；原来地位高的人，由于能力和努力的原因而下降。这样才能保证社会的流动性、鼓励人们对社会作出更大贡献，同时也有助于社会和谐。所以，平等是社会进步的动力，也是社会进步的条件。古往今来，有多少仁人志士为社会的平等献出了自己的生命！

然而在现实中，实现平等并不容易。有些不平等来自于制度，如20世纪60年代前，美国对黑人的歧视；中国改革开放前我们对出身不好的人的歧视，以及现在由于户籍而实行的种种限制。另一种不平等则来自人们的一些错误观念，甚至个人偏好，如对某省人的歧视，对女性的歧视或者其他种种。后一种歧视要靠社会进步，人们观念的改变来实现，这需要一个过程。美国的黑人至今也没有实现完全平等，正是由于美国白人中的歧视黑人观念仍然存在。但制度的歧视是可以通过改变制度来实现的。而且，制度的改变也是观念改变的前提。应该承认，美国黑人的平等权利已有了巨大进步，这还要归功于肯尼迪60年代废除歧视黑人法律的努力。因此，实现平等的关键还在于制度的改变。从制度上实行乙肝免检正是这种制度的变革。

就工作的权利而言，有些人的某些疾病不适于从事某种工作，进行适当的限制是必要的。这并不是对这些人权利的剥夺，而是对他本人与社会的负责。比如传染性的甲肝病人就不适于从事食品加工、销售工作，发病期的肺结核病人就不适于从事教师等工作。但是，这种限制要极为严格，而且限制不要超出合理的范围。其实乙肝病毒携带者，完全可以和健康人一样从事正常工作，也不会传染别人。剥夺他们从事某些工作的权利或以乙肝为借口不录用他们，就是对他们平等权利的侵犯。而且，有无乙肝病毒是个人的隐私，应该受到保护。乙肝免检实现了这种隐私保护权，是一个社会进步。在此基础上，我们才可以消除人们对乙肝病毒携带者的观念歧视，有利于维护他们的平等权利。

消除歧视，仅仅是实现平等的第一步。要想保持平等，我们还要给弱者以实际的帮助。高考中对少数民族的考生加分正是出于这一目的。尽管这种制度在实践中被一些人利用，出现了一些为此目的而造假的考生，但这种制度本身的出发点是好的，问题在于制度细节的完善与执行。让弱者不仅有平等的权利而且有实现平等的能力，这是实现社会和谐的保证。

我不是乙肝病毒携带者，但完全可以理解他们过去受歧视的痛苦心情。实行乙肝免检不仅对他们是福音，而且对我们每一个人都是福音。希望以后有更多的制度变革，改变现实中的种种不平等，建立一个真正实现了权利平等的社会。

大学生结构性失业的对策

大学生的就业关系千家万户。人们也提出过许多很好的建议，但不少都是"救急"的，如扩大研究生招生、实行学士后制度、建立实习基地等。这些方法只能暂时解决少数大学生的问题，无助于长期解决绝大部分大学生的问题，甚至仅仅是延缓了失业。要从根本上解决这个问题，还必须认识清楚大学生失业的性质。

尽管这些年大学扩招极快，每年的毕业生已达到 600 万左右，但当大学教育由精英型转向普及型时，相对于市场需求并不大。应该说，相对于需求，供给并不过剩。但为什么大学生每年仍有许多人找不到工作呢？经济学家把这种供求大体平衡的情况下存在的失业称之为结构性失业，即劳动的供给结构与需求结构并不一致。在这种情况下，就会有失业与空位并存。这就是说，市场上一方面有人找不到工作（失业）；另一方面，有工作没人做（空位）。比如市场上需要有某种技能的高级技工，但找不到工作的大学生是学哲学、文学、历史之类的。劳动的需求是由经济决定，是刚性的，需要改变的是劳动的供给结构。

这就涉及高等教育的培养方针。我们一直强调教育要为经济建设服务，为生产服务，但在执行中出了偏差，许多专业脱离了经济发展的需要，听起来是热门专业，如工商管理、法学、财会等，但实际上企业并不需要这些人。要使大学培养出来的人是社会所需要的，大学教育必须进行根本性调整。

大学应该分为两类。一种是研究型大学，以培养高端的理论型人才为主，毕业后主要到党政部门、研究机构和教育部门工作。这类大学要做到少而精。数量不用多，但质量要高。而且，在专业的设置上宜粗不宜细。对培养对象要实现"宽口径、厚基础"，适于从事各种工作。现在太多的大学都在走"研究型大学"的道路，其实没必要，也不可能。

另一类是应用型大学，以培养某种技能为主，毕业生的方向是白领工人或高级技工。我们现在最缺的是这类学校。中国共产党第十七次代表大会上已明确指出，中国未来的道路是以新型工业化为中心，即以制造业为中心带动国民经济的发展。实现这个目标，需要大量的技术人才，有多少都可以就业。也许有人认为，这种人还用上大学吗？在他们的头脑中，大学仍旧是精英教育。当大学教育由精英型转向普及型时，所培养的实际上就是普通劳动者。但这种普通劳动者要有一种技能，这就使他们又不普通了。我们都说德国制造业水平高，但这种高水平的基础是在工人中高级技工的比例占到了75%，而中国的这一比例仅为15%。我到德国宝马公司的生产车间参观过，车间里完全是机器人在工作，只有少数工人操控机器人，而这些工人全是大学生。没有这样一大批高级技工就没有发达的制造业，这些高级技工正应该是由应用型大学培养出来的。现在许多企业都缺高级技工，如果大学培养的是这样的人，他们能找不到工作吗？

现在也有不少应用型大学，但学生仍难以找到工作。是因为这些学校的教育严重脱离实际，学生学了一堆无用的知识。应用型大学要与企业结合，培养学生的动手能力，"教育要与劳动生产相结合"。

当然，教育体制的改革还是较长期的事，就目前而言，除了各种建议外，还可以对找不到工作的大学生进行职业技能的再教育，让他们尽快适应市场需求。大学生也应该放下架子，认真学习一门有用的技能。

驯洋马难

名不见经传的四川腾中重工欲收购悍马，爆得大名。不过我更担忧的是这种盛名之下的力不从心。当年联想收购美国 IBM，TCL 收购法国汤姆逊，上汽收购韩国双龙，现在结果都不理想。许多人都认为这种收购是走上了不归路。为什么这种收购是屡战屡败呢？

我们收购的这些品牌，的确是名牌。但在外商卖给我们时，已经"过气"或即将"过气"了。外国企业也是以利润最大化为目标的，能赚大钱的品牌，他们肯定不肯出卖，但完全衰落的品牌，我们也不会买。于是他们就把一些现在看来还有名气，但实际上已是危机重重的品牌卖给我们。以悍马而言，名气确实很大，连没什么文化的煤老板都知道买悍马以炫耀。但通用公司深知悍马非好马。一来耗油太大，而今后世界的趋势是石油短缺加剧，油价会一路上扬。二是环保的压力大。耗油大是能源的浪费，而耗油大排出的废气也多。尤其是奥巴马上台之后，强调的是节能与环保，估计以后的美国总统也不会改变这个基调。这样的"马"美国人不愿意养了。所以，当腾中收购悍马的消息传开后，奥巴马和美国人欢欣鼓舞。既把一匹废"马"变成了真金白银，又保住了3000工人的工作岗位。这种天上掉馅饼的好事，美国人能不开怀大笑吗？

我们所购的名牌都是一些徒有其名却并不能赚钱的名牌。IBM固然是名牌，但在当今全球一体化的格局下，各种品牌的电脑都用相同的零部件，甚至由同一家企业组装，尽管品牌不一，但已失去差异化的内涵，失去了独特的竞争力。汤姆逊早已失去技术和市场优势。至于双龙汽车，韩国车在国际上并没有优势。悍马的真正竞争力在军车上，全球有五十多个国家的军队用的是悍马，但美国人卖的只是民用悍马，军用的涉及军事机密，花钱再多也不卖给你。花高价购买这种不赚钱，没有竞争优势的名牌，大概只有没见过世面的人才会干这种事。

跨国兼并最大的难处还在于各国法律与文化的差异。美国和德国都属于西方世界，但奔驰收购克莱斯勒最终以失败告终。我们的好几起大收购最终也败在这个问题上。联想收购IBM，由于企业文化上的差异，至今也没有真正融为一体。TCL收购汤姆逊，上汽收购双龙问题都出在法律上。TCL原来的打算是对汤姆逊进行重整，这就涉及裁员。但法国的立法对劳工的保护十分有力，裁员的成本太高，重整难以顺利进行，这就背上了沉重的负担。上汽收购双龙，工会在那里不断闹事，仅收购就进行不下去，更别说以后了。这次腾中收购悍马，还没有开始实质性工作，但以后的困难完全可以预计到。比起法国和韩国，美国的工会也不是省油的灯。美国汽车工人工会是美国实力最大的工会，且工会又有立法为后盾。通用汽车工人的年薪平均为 14.1 万美元（别忘了美国的教授平均年薪才 9.6 万美元）。腾中收购悍马若以保留所有工人的工作为前提，则如何去承担？

发达国家的立法比我们完善得多，也严厉得多，至今很少有企业能在这些国家玩得转。中国企业在国内习惯了宽松的法律环境，甚至还有政府的"法外施恩"。到国外岂不处处碰壁？应该说，联想、TCL 的整体水平和国际化程度已经在国内是一流了，尚且在国外玩不转，腾中能有什么高招呢？

在立法之外，收购国外企业品牌更难的是企业文化。东西方文化的差异是在几千年的历史过程中形成的，虽然不一定演化成战争，但充其量也就是和平共处，井水不犯河水，建立在文化传统之上的企业文化，在东西方企业之间也有极大差异。如果是彻底兼并，还可以用自己的企业文化来彻底改造对方的企业。现在我们买某个品牌，仅仅是局部兼并，人家的企业还在，文化也没倒，你要去适应，还要企图局部改造，难度有多大，不可想象。联想早在收购 IBM 之前就想到了这一点，甚至提前派了高管去适应美国公司的文化，但收购后两种文化的差异仍然很大。到现在为止，我们收购发达国家企业，成功的几乎没有。洋马难驯最难的就在企业文化上。许多企业在收购时想得很美：如何通过名牌把市场做大，等等，但结果并不好。这个教训是该引起国人注意的时候了。

中国的企业发展到今天，不能仅仅满足于出口商品，还要以直接投资的方法进入世界市场。这确实是一个迫切的问题，但急于求成去做"蛇吞象"的事情，恐怕是成事不足，败事有余。在走向世界的过程中，要注意这样几个问题：首先，要创自己的品牌，把自己的品牌做成名牌，走向世界，这一点并不是不可能。海尔经过这么多年的努力，已经成功地进入了国际市场，取得了一定成绩。华为的品牌在全球也有相当大的影响。华为一年销售额达 1400 亿，其中 70% 在国外，包括许多发达国家。中国人不必自卑，迷信国外名牌。名牌是作出来的，外国人能作出来，我们为什么做不出来？作出自己的名牌比购买国外的名牌对中国经济的发展和企业自己的发展意义要大得多。

其次，进行直接投资或自己建厂或收购别国的企业要从容易的地方入手。在发展中国家建厂或收购要比在发达国家容易。中国有不少企业在非洲、亚洲，甚至拉丁美洲投资建厂或收购都有成功的案例。何必非盯着发达国家呢？从发展中国家入手，积累资本、摸索经验，再进入发达国家，这不就是以"农村包围城市"的思路吗？别总想一步登天成为"洋马"的主人，先学会驯"土马"，才能会驯"洋马"。

最后，在发达国家进行直接投资，收购兼并，先要做详细的调查研究。当年 TCL 兼并汤姆逊就缺乏这样一个方案，仓促上马，上了马就难下来了。这个教训希望腾中和其他企业不要忘。

驯洋马难，难免要交点学费。但不能一次一次重复交学费。"前世之事，后世之师"。但愿所有胸怀大志的企业都别忘了中国这句古训。

股权激励水土不服

股权激励，即给高层员工股票期权。这种激励机制 20 世纪 50 年代出现于美国，到 80—90 年代出现了一个高潮。当时 70% 以上的大公司，90% 在纳斯达克上市的高科技公司都采用了这种激励机制。股权激励在当时也起到了有效的激励作用，郭士纳就是用这种方法使临近破产的 IBM 公司走出困境，再创辉煌的。

但进入 21 世纪之后，这种激励机制的缺陷逐渐显示出来，慢慢地，这种激励机制逐渐退出历史舞台：先是微软放弃了这种做法，以后又有许多公司效仿，据说在高潮时，每年有 50% 的公司不再以这种激励机制为主。直接导致这种情况的是安然和世通等大公司的高管为兑现股票期权而作弊的行为。

股权激励是把股市价格作为衡量高管业绩的标准，因为股权期权的收益取决于行权价格与股价的差异。行权价格是确定的、不变的，所以高管能从股权中得到多少利益就取决于行权时股市价格的高低。股市价格的高低当然与公司的盈利能力相关。股民是通过公司公开发布的财务报表来判断其盈利能力的。财务报表可以反映公司的真实业绩，也可以造假。安然公司的高管正是看到在行权时间到来时公司真实业绩上不去，于是就造假，用假财务报表使股民受骗，使公司股票价格上升，从而实现个人的利益。尽管这一事件后，美国国会通过了防止财务造假的《萨班斯法》。但造假总是"道高一尺，魔高一丈"，手法层出不穷，防不胜防，任何法律都无法完全杜绝造假。有股权激励，就有造假动机。

　　而且，股市价格是不是公司高管业绩的重要标准？或者说，它能否真实、准确地反映出公司高管的业绩？现在看来股价与公司高管业绩之间并不能画等号。一方面，公司业绩要受宏观经济形势的影响。比如现在全球进入由美国金融危机引发的经济危机，各个企业都受到严重冲击。在这种形势之下，高管再努力又有什么用呢？经济危机不是企业的高管失误引起的，但要由他们承担责任，他们的股权收益会受到极大损失，如何能起到激励作用呢？另一方面，股市往往有非理性亢奋，其价格上涨远远超出公司的真实业绩。这种情况下，公司高管从股权中获得极高的收入，公正吗？股市也有非理性的下跌，公司高管再努力也一无所获，这合理吗？股市价格不能真实、准确地反映公司的业绩和高管的贡献，以此作为激励的标准当然就会引发一系列问题。

　　然而，当美国的企业认识到这种激励机制的问题，正在逐渐淡化、放弃时，中国的许多公司却引进了这种方法。而且与引进其他制度一样，并没有全面引进，而是取其有利于自己的、抛弃不利于自己的。股权激励本来也是风险与收益并存的。这就是与股权激励相对应的是低薪制。比如一个职

115

看事件

业经理人，按市场标准，年薪应该是 200 万美元，但实行股权激励时，年薪也许只有 10 万或 20 万。你把企业做好了，股价上去了，你的收入可以远远高于 200 万；企业没搞好，股价没上去，甚至下降了，你有权不兑现股权，但收入只有 10 万或 20 万，这就是风险。而我们一些企业引进股权激励时只有收益，没有风险，股价上去了，他得好处；股价下来了，他仍然稳坐钓鱼台。你看平安保险的董事长，仅底薪就 400 万人民币，2007 年平安保险的股价上去了，马明哲有 6000 万的收入，2008 年，股价下来了，股民深受其害，公司说年薪为零，实际上仍有底薪 300 万。这样的股权激励不是学得走样了吗？

中国的股市比发达国家的股市更加非理性，大起大落不能反映企业的真正业绩。中国的财务报表制度远不如美国完善，上市企业造假之事，常有所闻。而且，股市受政策的影响很大，以至于有人把中国股市称为"政策市"。这样的股市状况，更不宜于实行股权激励。

当然，如果是由私人资本控股的股份制企业，想实行股权激励是企业的自由，只要经过董事会和股东大会批准就可以了。它们是竞争性企业，业绩与股市价格的变动还有一定关系。但如果是国家控股的股份制企业，就不适于采用股权激励。一来这些企业有国家赋予的垄断地位，利润往往不来自于竞争，而来自垄断。企业获利，股价上升也是垄断的结果，并不一定是高管努力的结果。谁会认为中国移动、中国联通这样的公司，其业绩来自竞争和高管的努力呢？二来这些企业盈利还是亏损往往取决于政府的政策。有些企业的亏损，如中石油、中石化盈利状况不好，股价一直低迷，绝不是这些公司的高管不如中国移动、中国联通的高管努力，而是政府从整个经济和改革的需要出发，控制石油价格，让他们亏损,这被称为政策性亏损。而且,国企的许多主要领导并不是真正的企业家,是由政府任命,有行政级别的官员。不应该承担由政策引起的亏损,也不应分享由垄断或政策获得的利润。股价更不能作为衡量企业业绩的标准。

激励机制要能起到有效作用,必须从实际出发。中国的股市不同于美国的股市,中国的企业也不同于美国的企业,生搬硬套地拿来股权激励是不会有激励作用的。还是要探索适于中国国情和企业实情的激励机制。

看事件

在德国吃猪肉

国内猪肉价格上涨，于是决定到德国大吃猪肉。

德国的猪肉不仅肉质好、味道好，而且便宜。在德国，猪肉每公斤 1.31 欧元，折合为人民币近 14 元，比当时国内的价格还低。但别忘了，德国人的工资水平要高出我们十几倍啊！其实 2008 年以来，德国的饲料价格也在上升，但猪肉价格不升反降（从 8 月份的 1.45 欧元降到现在的价格）。其原因何在？

在市场经济中，农民无论是种地或养猪，都处于完全竞争的市场中。任何一个农户，自身规模都不大，无法影响市场，没有抗风险能力，如同一叶扁舟在市场的汪洋中漂泊。早在 20 世纪 30 年代，经济学家就发现，由于农业生产的调整需要一定的时期，所以，在市场自发调节时就会出现"蛛网波动"。这就是说，当第一时期供大于求时，价格下降，农民会减少产量，这就引起第二时期供小于求，价格上升，第三时期供给增加，供大于求又引起价格下降，再引起第四时期供小于求，价格上升。把这种波动的情况画出来就像一张蜘蛛网那样，故称"蛛网波动"。中国生猪业也曾多次出现蛛网波动现象，猪肉价上升也是蛛网波动中的一环。期货市场的出现正是为了减少这种波动。

当然，仅仅有期货市场还是不够的，还就要求政府有稳定农业的政策。德国的猪肉价格稳定，甚至略有下降正是与政府的政策相关。

欧盟各国都有农业补贴政策，仅德国每年对农业的补贴就有 10 亿欧元左右。以养猪业为例，每头猪的补贴达 30 欧元，新建猪场还可以享受六年的减免税收。这就鼓励了农民养猪的积极性，保证了猪肉供给。供给充分，价格当然就上不去了。

此外，德国还有非常发达的农业保险体系，国家承担了保险费用的大头。生产者花不多的钱就可以化解灾害、疫病和其他不可抗拒因素所带来的风险。例如，一家名为 R+V 的保险公司提供牲畜手术保险服务。生产者一年只需缴纳 99 欧元就可以报销在德国相当昂贵的兽医手术费，而且保险公司还负担上限为 600 欧元的手术材料费。

在一些特殊情况下，农民还可以得到更多的帮助。今年德国饲料价格上升了 80%，在德国农民协会的敦促下，几家大银行为农民提供了更为灵活的贷款政策，保证农民不会由于饲料价格上升而出现现金流断裂。

当然，德国猪肉价格稳定的另一个原因是农户规模大。2006 年德国有 2700 万头猪，饲养农户仅 9 万，户均 300 头，而且有 1/3 的饲养农户超过 1000 头。这也增强了农民抗风险的能力。农民经营规模扩大是政府引导与鼓励的结果。

这次猪肉价格上涨揭示了中国农业市场化和政府政策的一些问题。如何在市场化的情况下实现农业生产和价格的稳定仍然是我们没有完全解决的问题。中国与德国的情况有很多不同，但德国的许多做法对我们还是有启发的。

我们不能补贴富国

一艘目的地是菲律宾的美国船却在中途靠近了中国的港口。为的是要加油。为什么要在中国加油？因为中国的油价低。同样，飞往中国的航班来时加的油仅够使用，回去时却加满。当这些交通工具来中国加油时，它们都得到了中国的油价暗补。

中国为什么补贴它们？因为中国不敢放开这些资源的价格。为什么不放开价格？怕影响整个经济的稳定，也怕一些特殊利益集团的反对。比如，如果汽油涨价，汽车行业就会受到致命打击。汽车行业直接与间接的就业者有几千万，谁也不敢让这个行业垮掉。前怕狼，后怕虎，渐进式价格改革走到今天似乎很难走下去了。怎么办？如何突破这个僵局？

如果是过去的封闭经济，我们还可以关起门来自己确定价格，无非是用一道防火墙把自己与世界隔开就可以了。但今天经济全球化已经是不可抗拒的趋势，何况我们还加入了 WTO，主动融入世界。在这样的格局下，如果资源像石油这样，相当大部分是进口的，你用高价买的石油炼成成品油，低价卖给别人，这种赔本生意，当然谈不上持久。如果资源像煤那样是自产的，低价卖给别人只会加速资源消耗，最后还是自己吃亏。总之，经济融入全球，资源价格也不能不融入。

当然，资源价格融入全球，并不仅仅是涨价。核心是理顺价格形成机制。这种价格机制的中心，一是根据供求关系调整价格，二是与世界价格保持一致。政府可以根据经济形势实行指导价，但这种指导价不能背离供求关系。人为地用行政补贴的方法压低价格是行不通的。而且再也不能渐进了。渐进的时间越长，我们对富国的补贴越多，自己吃亏就越大。

放开价格会引起许多问题，但这是没有办法的。经济学的一个原则是没有免费午餐，你想把价格放开而没有任何不利影响是不可能的。不过也没有那么可怕，似乎放开价格就要天下大乱了。放开价格后会出现一些问题，但过一段时间之后，会在新的价格体制基础上重建经济平衡，那时的经济繁荣才会有更坚实的基础，才能持久。我们政策的着眼点不应该是短期的稳定，而应该是长期繁荣。为着长期繁荣而放弃一点短期稳定是应该的。今天怕这，明天怕那，什么也不敢动，绝不会有稳定。怕得罪这个利益集团，那个利益集团，最后是谁都得罪了。

当然，我们还可以用各种政府调控手段，把短期内的不利影响降至最小。比如，资源价格放开会加剧通货膨胀，使有些行业受影响，失业人数增加。政府可以把过去用于补贴物价的钱、用于补贴富国的钱，直接用来补贴国内的百姓。也可以用退税的办法来补贴那些受到冲击的行业。同样是用钱贴补，补贴国内的人民和企业比补贴国外企业不知强了多少倍。补贴国外，是花钱而得不到任何好处。补贴国内，是为改革创造一个良好的环境。

学会如何补贴，也是顺利推动改革的一种艺术。

在低成本与高科技之间

美国《巴尔的摩太阳报》近日的文章指出，美国的制造业正在重整旗鼓，其背后的潜台词是，中国制造业的低成本优势正在丧失。

任何一个发展中国家的出口总是从低成本开始的，但这仅仅是起点，并不代表成功。如果不能从成本优势转向技术优势，发展就会停滞。如今我们的成本优势正在丧失。

低成本出口优势来自低工资。大量农村富余劳动力的存在，不受保护的劳动力，是低工资的两大来源。经过近三十年的发展，我们的这两种优势正在丧失。无论从劳动力无限到有限的刘易斯拐点是否来临，劳动力短缺已成为许多出口企业面临的严峻问题。新劳动合同法的出台和实施也为低工资画上了句号。这宣告了低工资劳动供给时代的终结。

就我们而言，低成本还来自政府鼓励出口的政策。低估的人民币汇率，高达13％的出口退税，资源的低价格，环境保护不力，都降低了出口成本。但这个时代正在结束。人民币汇率不断上升，出口退税已降至4%，资源价格也在调整，环保压力越来越大（想想看，环保局都升格为环保部了）。这些变动自然使成本增加。

低成本的优势正在丧失，出路自然是转向技术优势。政府多次强调技术创新，其意义正在于此。但是，应该看到，就中国整体而言，在短期内还难以具有技术优势。这首先是因为中国的整体科技水平还不高，缺乏重大技术突破的能力。其次，中国的出口以中小企业为主，缺乏具有技术创新能力的大企业和特大企业。最后，中国有专利法，但实施尚不尽如人意，侵权事也屡发，创新者得不到有效保护。

成本优势在丧失，技术优势不可得，出路何在呢？其实世界上真正具有原创能力的国家并不多。在成本优势和技术优势之间还存在一种产品质量优势，韩国、日本等国出口靠的正是这种优势。汽车、家电这类制成品并不是韩国人或日本人发明的，许多专制技术也非这两个国家所创。但它们生产的汽车、家电甚至打遍天下无敌手，就在于产品的质量。而且，欧美许多国家的出口优势也并不全来自于技术优势，许多靠的还是质量优势。我们的出口产品之所以卖不上高价，除了品牌原因之外，就是质量上不去。我们与国外的多次贸易冲突也来自产品质量。

技术突破不容易，但提高产品质量并不难。这里有两个问题是关键。一是国家要提高质量标准并强制实施。许多产品达到了国内标准，甚至被评为国优，但却达不到国际标准而招致退货。国内标准定得低实际是纵容了企业，提高强制性标准，企业才会严格要求自己。二是要培养大量技术工人。中国由于技术工人缺乏而造成的质量损失每年达 2400 亿（这尚且是两年前的数字）。一个制造业大国靠的是技术和工人，离开了这些工人，再好的技术也没用。

　　事物的发展是有连续性的。在成本优势与技术优势的中间是质量优势。而且也只有经过质量优势才能进入技术优势。提高质量优势正是我们制造业和出口的出路。

政府该救民企吗

浙江台州的飞跃集团由于盲目扩张，资金链断裂，面临破产的处境。浙江省政府决定用行政手段扶它一把，让各银行停止向它追债，以后也许还会给予资金上的支持。政府该不该救民企？这样做有没有用呢？这是我们所关心的问题。

在市场经济中，民企是独立的主体，它有权作出独立的决策，获得这种决策的利益，并承担这种决策的风险。飞跃集团的困境是自己的决策失误造成的，凭什么决策的失败要由银行和政府来承担？政府并不是飞跃的股东，它获得收益，政府无权分享，为什么有了困难要由政府承担？政府并没有救民企的责任，用行政手段去扶植，显然是"越权"。

政府救飞跃的一个理由是，飞跃对浙江，尤其对台州，太重要了，它的破产会带来严重的不良后果。但是，处于这种困境的仅仅是一个飞跃集团吗？

浙江的制造业正处于一个转型期。过去民企靠低工资、低成本、低价格的加工出口，创造了辉煌。但这条路今天由于原材料价格上升、工资上升，出口退税下降和人民币汇率上升，已经走到了尽头。如果不实现转型，靠技术进步促进发展，靠提高产品附加值增加利润，民企的衰落是迟早的事。在这个转型过程中，垮一批企业是正常的。政府用扶植的办法来帮助民企，在短期也许可以救活民企，但从长期来看，却阻碍了经济转型，给未来的经济发展带来更多的困难。转型是要付出代价的。一批民企，甚至相当有名的民企破产，就是代价。

政府救民企还有两个相当严重的恶果。一是那么多民企遇到困难，浙江类似飞跃集团这样的情况，并不是个别的。政府有能力一个个都去救吗？如果政府是有选择地救，只救有名的，或对经济影响大的，这就是一种不公正。市场经济是讲公平、讲平等竞争的，政府只救有名的企业，而让更多无名企业死去，就违背了市场经济的基本原则。市场经济的公平原则本来应该由政府维护，现在政府却"亲自"破坏这个原则，这岂不是滑天下之大稽吗？二是民企不承担自己决策失误的教训，它能前进吗？决策对了自己获利，决策错了有政府承担。这岂不是鼓励民企，特别是那些规模大，又有名的民企犯错误吗？

温家宝总理早就指出，当前改革最关键的是政府职能的转变。政府不应该是计划经济下包揽一切的大政府，而应该是起到它应有作用的小政府。政府该起什么作用是有争论的，但有一点是共识，那就是不该干预企业，尤其是民企的决策。政府仅仅为企业运行创造一个良好的环境。至于在这个环境下，企业运行的如何，那是企业自己的事。这点道理说起来并不难，但做起来却不容易。

在经济转型中，类似飞跃这样的事情过去有，现在有，将有还会有。如果政府不明白自己的职责，今天救这个企业，明天救那个企业，市场经济前面就要加一个"伪"字。

机会在哪里

一些从事制造业的朋友为日趋下降的利润率而发愁,想转向新的行业。但苦于找不到机会,不知转向哪里。他们希望我指点迷津。我说不出未来哪个行业可以赚大钱,但给他们讲了个黑社会成功转型的例子供参考。

杰尔曼是美国20世纪30年代著名的黑帮头子之一。在美国禁酒的十年间至少赚了2000万美元(可不同于今天的2000万美元)。但同时他也清醒地认识到,禁酒难以持久下去,这种黑市生意迟早会到头。当他发现中产阶级和工人阶级流行使用轿车时,他意识到停车会是一个大问题。于是他开始投资修建和收购停车场。以后他用这种合法投资赚了不少钱。他还认识到黑社会迟早会遭到打击,故而把黑市赚的钱向合法的业务中转移。在他的倡导下,当年纽约的黑社会进入了皮货、洗衣、土木建筑等五十多个行业。

他本人收购了两家钢铁公司，几家小型电影制片公司、获得了 GMC 卡车在纽华克地区的销售权，还购买了一些公司的股票。当然，作为黑社会头子，他最后以自杀告终。但这些合法投资使法院无法判他有罪。他是在重新被审时自杀的。

20 世纪二三十年代的美国是黑社会猖獗的时代，这些黑社会的成功者不值得我们学习。但他们的成功转型却有值得我们学习的地方。首先在于他们有远见。一个公司的领导绝不能"只拉车不看路"。对他们来说"看路"比"拉车"更重要。"看路"是把握企业发展的大方向，路看对了，"拉车"才有用。杰尔曼的值得学习之处正在于"看路"。

"看路"基于对未来走势的判断。杰尔曼有两点判断是正确的。其一，禁酒不会持久下去，因此靠走私酒来赚钱终有结束之时。其二，黑社会的各种非法经营方式也难以持久。在此基础上，他又找到了以后应该走的路。从汽车进入家庭看到了停车场的前景，又把非法赚到的钱投入合法产业。尽管杰尔曼一生都没有与黑社会摆脱干系，但你不得不佩服他眼光之独到。

我们的民营企业应该如何看路呢？首先，不少民营企业都有"原罪"。这个问题困扰着许多企业家。"原罪"发生在法律不健全的时代，过去的就过去了。但在今天的法治社会中只有依法经营才可能有前途。其次，投入什么产业。在经济发展的第一阶段。房地产总是暴利时期，但这种状况并不会持续。下一个有利可图的行业应该是包括金融、保险、物流等的大服务业。中国的服务业，无论从数量还是质量上看都相当落后。民企在这个领域中大有可为。当然，具体选择哪一个行业还要再研究。最后，如果正从事制造业又无法退出，那就先做大再做强。制造业是只有大才能强的行业。不做大，没有技术创新能力，强是谈不上的。自己做不大就与

131

看事件

别人合并或卖给别人，自己另找一个力所能及的行业。

　　企业在发展过程中往往会在不同发展阶段有困惑的时候。这时不要急于做决策，坐下来，静一静，问问路，找一条正确的路走下去。这方面有许多成功的经验，也有更多失败的教训。杰尔曼正是一个成功的案例。

海德堡的启示

每次到印刷厂去参观，老板都会骄傲地告诉你，他们的印刷机是海德堡的。

海德堡是德国的一座小城，这里不仅有著名的海德堡大学，而且围绕这个小城还形成了全世界著名的印刷机生产中心。许多印刷机械厂集中在这里就形成了美国竞争战略权威迈克尔·波特所重视的产业集群优势。

产业集群就是在一个地区集中发展某一个产业。这个行业的扩大会给其中的每一个企业都带来好处，这就是外在经济。外在经济的优势首先在于整个行业成本的降低。随着一个行业企业数量的增加，就会产生为这些企业服务的辅助企业。把每个企业必不可少的辅助工作分化出来，由专业公司承担，就能降低成本。这种好处是只有一家或几家企业时不可能出现的。其次有利于一个行业的企业之间的合作。这些企业的产品往往是面对一个广阔的市场,因此,它们之间的竞争并不严重,而它们集中在一个地区,形成行会,可以通过行会的组织共同从事一些自己所需要的事情,如进行培训等。更重要的是可以组织起来进行技术创新,保持技术领先地位。而且,在技术创新成功之后还可以迅速扩散,从而提高这个行业每一个企业的竞争力。最后,产业集群还可以创造出集体品牌。印刷厂老板以用海德堡的印刷机为荣,用不着说是哪一家工厂生产的,原因就在于海德堡印刷机本身就是名牌,这个地区的每一家企业都可以分享这个品牌的好处。

产业集群优势还可以形成一个地区的核心竞争力。美国底特律的汽车业、好莱坞的电影业、硅谷的 IT 产业、意大利萨梭罗镇的瓷砖业等都是产业集群成功的例子。中国景德镇的陶瓷业,温州的鞋业等也在产业集群的发展上取得了成果。

漫步在海德堡这一带我想到了中国制造业的发展。中国在近期内要以制造业为中心走一条新型工业化道路,实现经济持续发展。如何走好这一条路涉及许多制度和技术问题,但发展不同地方的产业集群优势无疑是重要的。在过去计划经济下,各地追求小而全的独立经济体系。这就形成各行各业都有,但没有一个行业能形成自己的产业集群优势。如今全球经济都一体化了,在一个国家之内更没必要"万事不求人"。

一个地区形成某种行业的产业集群优势与资源和历史传统相关。而且,产业集群也是市场自发调节的结果。当一个地方的某一行业有了优势时,同一行业的企业就会出现或迁移过来。但在这一发展过程中,政府的引导也是相当重要的。政府应该有计划、有重点地发展某一行业,对符合产业集群的企业给以优惠和扶植政策,以吸引外地这一行业的优秀企业迁入,并为这个行业的发展提供相关的服务,对形成产业集群所出现的问题进行协调。

　　海德堡地区的印刷机械产业集群优势已经有二百年左右的历史了。但愿海德堡成功的经验可以为中国制造业的成功提供借鉴。

看事件

从通用破产看保护工人

有百年历史的通用汽车公司终于沦落到了破产重组的境地。这种悲剧的发生原因是多方面的，但不可忽略的一点是劳动力成本太高使其丧失了竞争力。

美国汽车工人的工资高得离谱。以通用为例，2006 年一个工人的平均年工资已达 14.1 万美元，而同期一个教授的平均工资才 9.6 万美元。包括各种福利在内的每小时工资达 73.26 美元，相比之下，日本在美国工厂工人的工资为 48 美元，中国汽车工人的工资为 1.5 美元。这种高工资是有其历史原因的。20 世纪初期福特公司为了提高效率而实行了高于市场工资的效率工资制。当时福特公司把工人的日工资从 2.34 美元提高到 5 美元。其他公司看到福特公司的高工资所带来的业绩，纷纷仿效，这就使美国汽车工人的工资起点大大提高。工资有不可逆性，是只能升不能降的，从而使美国汽车工人的工资水平一路上扬。此外，美国汽车工人的工会（美国汽车工人联合会）一直是美国最强大的工会组织之一，在与企业的工资谈判中占有优势，它也推动了美国汽车工人工资的上升。这种高工资，工人当然欢迎，但也损害了美国汽车工业的健康发展，当经济发生困难时，汽车工业的命运就会迅速逆转，最终工人也蒙受损失。企业都活不下去了，这么高的工资岂不成了不能充饥的"画饼"？

通用的破产告诉我们，一个社会不能一味偏袒企业，让企业无限制地剥削工人，但同样也不能一味偏袒工人，让工会提出贪得无厌的要求。它必须在工人的利益与企业的利益之间寻找某种平衡。资本主义早期，资本是最重要的生产要素，在资本与劳动的关系中，资本占有绝对优势。企业以利润最大化为目标，资本家便会贪婪地剥削工人。马克思在《资本论》中所描述的正是这一时期的状况。在这种情况下，政府制定各种保护工人的立法，工人组成工会保护自己的利益，都是必要的。随着资本主义本身的不断自我调整和社会进步，这个问题正在逐渐得到解决，尤其是第二次世界大战后总体上已看不到《资本论》中描述的工人惨状。工人也在享受着经济进步的成果。因此，不能把工人总作为弱者，也不能认为资本家贪婪而工人无私。其实作为人，资本家和工人都摆脱不了利己的本性，都想努力实现自身的个人利益，并为此发生冲突、对抗。政府作为一种中间力量，既不能仅代表资本家，也不能仅代表工人，它应该代表社会各阶层的共同利益。政府所做的也不是帮助某一方去压制另一方，而是协调双方的利益。以实现社会的进步与和谐。

民主的实质是不存在绝对的权力，任何一种权力都要有另一种权力去制衡。美国已故著名经济学家加尔布雷思根据这种思路提出了抗衡力量的概念就是要用一种力量去抗衡另一种力量，不能让任何一种力量肆无忌惮地发挥作用。当两种对抗的力量中一方力量弱小时，政府要去扶植弱小的力量，但绝不是支持一种力量去压倒另一种力量，而是使它们均衡。在处理劳资关系时，就是当工人的力量弱小时，政府要扶植工会，但并不是让工会压倒资方，一味地提高工资。政府是使各种社会利益、各种力量平衡的组织，而不是偏袒一方从而加剧社会冲突的组织。

从这种思路出发，政府的责任是保护劳资双方。其实过去我们把两方对立起来的观点就不正确。工人的利益受到损害，不好好干活，企业如何实现利润最大化？企业的利益受到损害，经营不下去，工人失去工作，还有什么利益？工人利益与企业利益，从根本上说并不矛盾。过度保护工人，会伤害企业的利益，最终也会损害工人本身的利益。通用今天的结果部分原因就是对工人保护过度，伤害了企业，最终企业破产，工人失业，两败俱伤。当然，在短期中它们作为利益的双方，的确是有矛盾的。那么，应该如何在双方的利益中寻找一个平衡点呢？

这个平衡点不是绝对的，取决于一个社会的各种现实因素。其中最重要的是经济发展水平。在经济发展的初始阶段，重要的还是要刺激经济发展。因此，工人的工资水平和福利待遇不能定得过高。这时收入差距大一些，让"一部分人先富起来"有其合理性。但随着经济的发展，不能总是让"一部分人先富"，要不断提高工资水平，让更多的人分享经济发展带来的好处。对工人的保护不足会加剧社会冲突，对和谐不利，但对工人保护过度也会使社会发展缓慢，不利于社会进步。通用破产的原因之一就是对工人保护过度了。一个工人的平均工资高于教授，恐怕从资源稀缺程度和对经济的贡献而言，在任何一个社会都不合理。

就中国而言，考虑工人的保护程度和双方利益的均衡点时，必须顾及三点因素。一是中国的经济发展水平长期落后，尽管这三十年来增长迅速，但仍属于经济发展的早期阶段，不能和西方发达国家的保护工人程度相提并论。二是中国人口众多，就业始终是一个严重问题。在考虑一切问题时，要从这一点出发。工人与企业利益方面的平衡点必须考虑就业与工资水平的平衡点，工资水平不可能过高。三是中国的企业尤其是中小企业竞争能力并不强，效率并不高，在考虑保护工人时还必须考虑到企业的承受能力。

新的劳动合同法，强调对工人的保护是有意义的。但我认为有些条款有点远离现实条件。特别是对企业的权力限制过多，企业失去了自由用工权，甚至连调动工人工作的权力都受到限制，企业如何提高效率？有些条款，想法很好，但现实性并不强。强制交"三金"必须以社会保障制度为前提。我们的社会保障尚不健全，强迫企业交"三金"，对企业是一个负担，对工人又不实惠。其实我认为在现阶段，保护工人最基本的还是两条：保证一定的工资水平（有最低工资标准），以及保证工资及时、定额发放。这两条现在还做不到，其他标准有什么用？

我们的企业现在还没有通用那样对工人保护过度的问题，但如何切实地保护工人利益，的确是一个值得研究的问题。

别迷信名牌大学

高考前夕，"麦可思－中国大学生就业研究课题组"发表了大学生就业能力收入水平排行表。这对考生填报志愿固然有指导意义，但我担心它会加剧家长和考生本已存在的"名校迷信"。不少家长与考生把清华、北大作为"唯二"的目标，即使可以上一所相当不错的大学，也毅然放弃，一年又一年地复读。

上什么大学对未来的就业和收入的确有影响，但这种影响是十分有限的，绝不能决定人的一生。美国也有类似的调查。梅隆基金的一项研究表明，1976 年进入耶鲁、宾州这些名校的学生 1995 年的收入是 9.2 万美元，而进入丹尼逊、图伦等一般大学的学生收入要比他们少 2.2 万美元。是不是名校就等于高收入呢？这份调查报告特别说明了：收入并不在于你上什么学校，而在于上大学前的素质。上名校的学生总体上上学前的素质就高，即使不上名校，上一般学校，收入也会高。所以该调查报告的结论是"你自己的动机、志向和能力对你成功的决定作用大于你毕业证上学校的名字"。

能上名校的人毕竟是少数。大多数成功人士并不是名校毕业生。你去数数省部级干部、成功的企业家、学者中有多少人毕业于名校，有多少人毕业于一般院校，甚至没上过大学。易中天没有上过大学本科，谢泳上的是太原师专，但他们在学术上的成就连我这个北大毕业生都自叹弗如。名校中大量的学生毕业后也是平平如常人。如果在名校染上一身傲气，就甚至连一般人也不如。无怪乎过去曾有公司招工时打出"北大、清华毕业生免谈"的招牌。

不少人都把高考作为人生成功的关键，这就有了一考定终身的说法。其实这种说法是误人子弟的。决定人生成功与否的三大因素是能力、努力程度和机遇。人的能力在一定程度上来自于先天遗传，教育很难改变遗传基因。当然，这一点并不是决定性的，关键还在于后天的努力。一个遗传基因平平但后天极为勤奋、努力的人，一定会是成功的人，而一个超天才，不努力也会一事无成。这点道理我想是地球人都知道的。至于机遇，那不是我们所能控制的，也不是上什么学校可以改变的。把人生的一切希望都寄托在上名校上，恐怕不一定有成功的人生。

我们的高考制度并不完善。上什么大学完全取决于高考成绩。这种以考分来录取的做法固然保证了高考的公正性，但亦有很大弊病，并导致了中学的应试教育。现在有关部门也正在进行改革，但在相当长时间内恐怕还要把分数作为录取的基本依据。在这种制度下，考上名校并不能说明综合能力强。尤其是上名校与非名校的考生成绩只差几分，而且往往是一些偶然因素造成的，说明不了什么。考不上名校完全

看事件

没有必要一次一次地去复读。

高考仅仅是漫漫人生路上的一步，而且并不是关键的一步。无论上的是什么学校、入学后的努力更重要。如果在玩电脑和谈恋爱中度过了四年，上名校又有什么用？即使上了一所非常不出名的学校，自己"好好学习，天天向上"，人生的道路岂不是越走越宽广？在麦可思的排名中，中国青年政治学院、首都经贸大学，北京物资学院这些一般学校毕业半年后学生的收入不都进入前 20 名了吗？

想上一所名校是正常的，但把对名校的渴望变为"迷信"，那就是真理跨过一步成为谬误了。

跑不了的职业道德

一个叫"范跑跑"的人在地震来临时丢下学生逃生，而且声称除了女儿，他连母亲、老婆都可以不管，这是他的个人自由。这种行为也得到一些网民的支持。这种现象不能不引起我们的关注。

任何一个社会除了法律底线之外都有一条道德底线。各个社会的道德底线并不相同，但对人是有最低道德要求的。市场经济中并不要求每个人都有"毫不利己，专门利人"的高尚道德，但是也有自己的道德底线。这条底线中最重要的是职业道德。人可以为个人利益而工作，但在工作中要恪守职业道德，如商人不卖假冒伪劣产品，医生要认真为病人治病等。作为一个教师（尤其是未成年人的教师），职业道德不仅仅是教好书，还应该保护学生。保护学生不是对教师的高标准道德要求，而是职业道德。"范跑跑"这种行为的错误就在于没有职业道德。

看事件

"范跑跑"是北大的毕业生，自称选择这种行为是他的个人自由，他是在发扬这种精神。这是对自由和北大传统最严重的亵渎。现在许多人都在追求自由，但却歪曲了自由的真正含义。自由并不是想干什么就干什么。在任何一个社会中，自由都有界线，北大的自由传统不是允许学生不讲职业道德。作为一个人，应该尊老爱幼，作为一个教师应该保护学生。这都不是什么高标准的道德标准，而是每个人起码的道德底线。社会不能允许有不讲职业道德的自由。甚至连最推崇自由的西方国家都不允许这种不讲职业道德的自由存在。

"范跑跑"这样做并不奇怪。林子大了，什么鸟都有，市场经济中有个把像"范跑跑"一样不讲道德底线的人，也不奇怪。问题在于他的言行居然得到了相当一部分人的支持。这反映了当前社会道德沦失，而且不以为耻、反以为荣的坏风气的存在。怕的不是缺德，而是把缺德作为高尚。市场经济并不是以钱为指导。企业利润最大化并不是可以制假造假，唯利是图。个人可以追求收益最大化并不是说可以损人利己。但当前一些人利欲熏心金钱至上，却用"自由"来为自己辩护。如果大家都这样自由下去，说得严重点，那就"国将不国"了。

我们要建立的是一个和谐社会，和谐社会必须有经济基础，这就要建立市场经济体制。和谐社会必须是一个法治社会，这就要建立一套适合市场经济的法律制度。同时，和谐社会还需要有道德。一个经济再发达的社会，如果没有道德，也不会成为和谐社会。一个法制再完善的社会，如果没有道德，法律也不起作用。一个社会如果让"范跑跑"这样的人有不讲道德的自由，也许并不可怕。怕的是他的言行居然有那么多支持者。这说明当前中国社会信仰丧失，道德无存的现象，已经到了严重的地步。如果无数个"范跑跑"跟着一个"范跑跑"起来了，这社会就太可怕了。

好在"范跑跑"所在的学校已把他解聘，教育部也修改了对教师的道德要求，而且更多的人还是对"范跑跑"持反对的态度。社会有这股正气，"范跑跑"们就成不了气候。

看事件

看 历 史

中国式诚信的利与弊

中国传统文化以诚信为本，强调诚信做人，诚信经商。历史上的各个商帮也无不把诚信作为自己的企业文化。晋商讲"以义制利"，讲"重信义、贵忠诚"。徽商讲"惟诚待人，人自怀服"，"人宁贸诈，吾宁贸信"。浙商讲"信誉招千金"。鲁商则"讲究诚信，规范行为"。这些商人都以诚信成就了事业。

中国历史上肯定不乏没有诚信的商人，但他们在骗点小钱之后就消声匿迹了，只有讲诚信者成就了大事业。当年许多晋商在包头一带从事贸易活动。那些不讲诚信者在食用油中掺假，卖面缺斤短两，最终无一成事者，但乔家坚持油不掺假，卖一斤面给顾客十七两（十六两一斤），结果发展成庞大的"复字号"商业连锁体系。乔家的第一代创始人乔贵发曾从事"买树梢"（即买青苗）的投机活动而亏损。正是由于他的诚信，债权人才同意缓收债款，使他有了以后的翻身机会，让乔家成为晋商中的佼佼者。

晋商最辉煌的是票号业。当时并没有票号的立法，政府对票号业也没有任何限制，自由创办、经营，甚至连税收也没有。这就是说，客户把真金白银交给票号换取一张银票，能否再换回真金白银并没有制度保证，完全取决于票号是否守信。在票号发展的初期，有一个无儿无女亲无故的孤老太太从去世丈夫的衣服中找出一张银票。许多人都认为，票号恐怕不会为这个孤老太太兑付，但票号不仅兑付了银子，还支付了利息。"见票即付"成为各票号诚信的底线，无论票号自身有什么困难，也要兑现这个诺言。

最大的考验是1900年那场义和团引发的动乱。当时八国联军进入北京，北京、天津等地的票号分号被毁、账本被烧、银子被抢，票号处于危机之中。当时北京的达官贵人随慈禧逃跑，到了山西就想到总号取出自己的存款或把银票换成银子，这时票号便遇到了"挤兑危机"。但他们明白，无论有什么困难，坚持"见票即付"的诚信是其生命线。票号的东家挖出自己祖辈埋在地下的银子，甚至变卖家产来向客户无条件支付。山西作家成一在小说《白银谷》中"惊天动地赔得起"一章再现了当时的真实情景。也正是这种诚信精神感动了客户，迎来了1900—1910年间票号业的极度辉煌。

晋商讲诚信有两重含义。对外是对客户的诚信、货真价实，童叟无欺，宁可人欠我，决不我欠人。对内是员工对企业、掌柜对东家的诚信。我们知道，晋商的商号和票号实行两权分离，大事由东家（所有者）做主，一切经营管理事务全交给大掌柜（职业经理人）。但这种制度设计有一个严重的缺陷，即大掌柜的权责利并不一致。大掌柜有权决定经营管理的一切事务，不仅拿高薪而且有身股可以参与分红，但经营中的一切损失却由东家承担无限责任，即有权有利而无责。然而这种重大的制度缺陷并没有带来什么不良后果。在晋商中从未出现大掌柜贪污、携款逃跑、以公谋私等现代企业中屡见不鲜的败德现象。晋商中职业经理人的职业道德和业务能力至今令我们敬佩。其原因在于东家对大掌柜"疑人不用，用人不疑"，大掌柜对东家"受人之托，忠人之事"。双方是一种完全信任的关系。

诚信是经济活动的基础。但为什么中国封建社会商帮的诚信却无法避免它们最后的灭亡呢？为什么这种诚信不能使他们从封建社会商人成功转型为现代企业家呢？这就在于封建社会中的中国式诚信与现代社会的诚信有本质的差别。美国社会学家弗兰西斯·福山把前一种信任称为"低层次的"或"有限的"信任，而把后一种信任称为"高层次的"或整个社会的"无限信任"。这两种信任的差别在于其所依赖的基础不同。

中国式诚信的基础是文化理念和人与人之间有限的了解。中国商人都推崇关公，正在于他身上体现出来的诚和义的精神。儒家思想也成为维系诚信的精神支柱。我们特别要指出，中国的商人是以地域和血缘为纽带而形成商帮。这正在于他们之间的相互了解与共同的利益关系。晋商坚持用人用乡，即非老乡不用，而且清代晋商用人就是晋中的平遥、祁县、太谷这些地方的人。徽商坚持用人用亲，即非家族成员不用。其他商帮也由一地或一个家族成员所组成。原因正在于这些人之间的了解与信任关系。

这种低层次信任不以一种制度为基础从而限制了商业和经济的发展。各个商帮在用人上有限制，贸易范围也限于熟人之间。比如晋商的票号在未汇兑政府官银之前，无论是存贷款还是汇兑，主要是为本地或熟悉的其他商人服务。决定经济行为的不是制度而是对人的了解程度。所谓"万两银子一句话"就是贷款时只取决于对借贷者的信任度,并没有制度保证。如果债务人破产还不上钱,票号也只好自认倒霉,一笔勾销。当商业关系还不复杂,贸易活动处于低级状态时,欠钱还不上债的毕竟是极少数,票号仍可以经营下去,但当贸易发达,商业关系复杂起来后,这种仅凭口头信任的关系就无法作为经济活动的基础。

现代社会的诚信当然也有宗教等文化基础,但关键还是制度。是制度让不认识的人相互信任,从事经济活动,这是一种无限的信任。例如,现代银行不是只向熟人放贷款,而是实行抵押贷款及其他相关的制度(如根据还款记录评信贷级别等),从而业务就可以无限做大。晋商的失败正在于是有限信任的票号与无限信任的银行进行竞争,最后失败的只能是前者。

而且,在传统社会中,仅靠地域或血缘的有限信任也并不可靠,会由于条件的变化而失信。在晋商兴盛时期,像乔致庸这样的东家往往具有至高的权威,可以维系建立在地域关系上的内部诚信。但当晋商衰落,东家不再有这种权威,尤其不少东家沉溺于吸食鸦片,无力也无心掌管企业大事时,这种信任就在迅速瓦解。缺乏制度约束,诚信又不存在,职业经理人就出现了种种败德行为。例如,辛亥革命后日升昌票号北京分号掌柜赵邦彦见局势困难,托病而离一去不返。继任者侯垣又逃跑。之后,大掌柜郭斗南也逃跑。这种职业经理人的不忠行为最终导致了中国第一家票号日升昌的破产。"疾风知劲草",辛亥革命的疾风吹走了晋商建立在乡情之上的诚信,票号和整个晋商的灭亡就来临了。这种情况不仅发生在晋商中。徽商、陕商等各个商帮都在灭亡前夕出现过这种诚信尽失,分崩离析的情况。

中国式诚信的关键是缺乏制度基础。它在传统社会商业关系不发达的情况下可以起作用。明清两代中国商业发达、商帮兴旺与这种诚信相关。但这种缺乏制度基础的诚信已不能适应现代社会。不从中国式诚信转向现代以制度为基础的诚信，就不可能真正建成社会主义市场经济。同样，以中国式诚信为基础的商帮在今天也是无法克隆的。只有认识到这一点，研究中国历史上商业的成就和商帮才有意义。

从商与做人

中国有一句古话是"富不过三代"。这句话作为经验总结的确有相当普遍的适用性。徽商中的大户人家，很少有富过三代的。胡雪岩曾富可敌国，但连一代也没到头。不过凡事总有例外，晋商中的许多大户人家就富过了三代，曹家、乔家、常家、渠家等晋商名家都为富二百多年。其间的原因不在于从商，而在于做人。

徽商被称为中国的第二商帮，经商极为成功，它们从事盐业、茶叶、典当和木材业，也曾经富甲天下。但徽商的一个特点是富起来之后都过上了穷奢极欲的生活，清人李斗的《扬州画舫录》记载了徽商的超级奢华生活。徽商的盐业靠的是官商勾结，奢华也是交结官府所需，但享受生活亦是他们的人生追求。许多徽商的生活奢华程度已到了我们无法想象的程度。比如，纳妾并不奇怪，但徽商几乎没有不纳妾的，且有人纳了一百多个妾，号称"百妾主人"，这就匪夷所思了。有这种奢华的享受，商业上就不思进取，金山银山也有吃光用尽的时候，这时就富到头了。只会从商而不会做人，最终从商也难以成功。

胡雪岩成为天下第一的红顶商人，自有他经商的过人之处。但他连一代都没富到头，则是为人有问题。胡雪岩生活上的奢华，纳妾之多是人所共知的。今天去参观胡雪岩在杭州的故居，仍能感受到胡氏的花天酒地。胡雪岩还有另一个富人的缺点，就是自视甚高。他敢于与洋人斗法，最后一败涂地，也由于这种狂妄。西人说，上帝让谁灭亡，先让谁疯狂。当胡雪岩目空一切，失去理智与谨慎时，他不灭亡，谁灭亡？

如果认真分析历史上和现实中昙花一现的富人，你就会发现，他们的失败并非出于经商的能力，而在于人格上的缺陷，或者说不会做人。要富过三代，应该如何做人呢？或者说，成功的商人应该具有哪些人品呢？我想，晋商为我们作出了榜样。

晋商是儒商。儒商并不像今天有些人理解的那样，先有了文化，拿了什么文凭而经商的人。儒商是用儒家思想来指导经商的人。儒家讲究，无论做什么事，都要先学会做人，只有做一个品德高尚的人，才能做一个好商人。晋商并不是儒学研究大师，但他们懂得儒家对做人的教导，并认真把这点道理运用到从商与做人中。

在儒家看来，诚信是人最根本的品质。晋商把这一点贯彻在自己的从商和做人中。讲诚信才有经商的成功，晋商把诚信作为最高的商业伦理。但诚信绝不仅仅是为了商业利益，而是做人的准则，因此，当面临商业利益和诚信之间的选择时，他们宁可商业上受损失，也要坚持诚信。20世纪20年代，阎锡山在山西发行晋币，与中央发行的货币以 1：1 的比值在市场上同时流通。但后来阎锡山在蒋、冯、阎大战中失败，晋币与中央发行的货币的比值下降为 25：1。当时乔家的大德通票号正在生死线上挣扎，如果向客户支付晋币，则可以获得再生的机会，如果向客户支付中央的货币，就马上垮台。当时乔家的掌门人乔映霞决定，即使自己破产，也要向客户支付中央的货币。这就是舍利就义。话剧《立秋》中丰德票号宁可自己破产也要用祖上积攒的 60 万两黄金向客户支付，坚持"宁可人欠我，决不我欠人"，就是从这件事演绎而来的。这与胡雪岩的阜康票号倒闭，连累许多客户破产完全不同。

诚信仅仅是儒家为人处世学的一种。儒家对做人的要求近乎是圣人的标准。朱熹把儒家做人的标准概括为"存天理，灭人欲"。"灭人欲"有点残酷，违背人性。但实际上，提高道德品质的核心问题还是克制人性中的许多冲动。人性中有许多不好的东西，纵欲、率性而为是人堕落的开始。晋商明白这一点，重视对许多不良欲望的克制。乔家在成功后制定并严格执行了"六不准"的家规：一不准纳妾，二不准虐仆，三不准嫖妓，四不准吸毒，五不准赌博，六不准酗酒。提出这些道德标准并不难，难的是实施。乔家真正是说到做到，这才有了近二百年的辉煌。实现富并不难，富而不纵才真正难。徽商在富之后，放纵于声色，才有了富不过三代。晋商富过了三代就在于他们富而不骄。

对于经商者而言，做人还有很重要的两条，那就是敬业和谨慎。敬业是对事业的兢兢业业，认真负责。晋商的敬业精神是为人称道的，这才有了在几百年的经营中不断创新，不断求新的辉煌。他们所创造的许多制度，如股份制、身股制等是中国其他商帮所没有的。再看看他们的"号规"或

"铺规"，凝结了多少人管理企业的心得。徽商开始时也极为敬业，否则不会有第二商帮之称。但成功之后，把精力更多用于入仕或文化上，使得徽商由盐而兴，盐业衰落后，便不知所从。谨慎包括两个方面。一方面是做人懂得谦虚、低调，另一方面是商业活动中有风险意识。晋商无论多富有，都始终保持"低调做人，高调做事"的为人态度。晋商有一个习惯是有了钱埋起来。这种窖藏的做法不符合今天把钱用于投资的原则，颇有点葛朗台的守财奴做法。但在当年尚无保险制度，商业风险又大的情况下，窖藏白银不失为一种对风险的防范措施。晋商在几次大的挤兑风潮中之所以能挺过来，靠的就是这种窖藏的白银。胡雪岩把钱都用于投资和消费了，真正有风险来临时就抗不住了。晋商并不是"今日有酒今日醉"的享乐主义者，所以，尽管很有钱，但没有创造出什么"晋商大菜"。现在推出的"乔家菜"、"常家菜"之类，全是商业炒作，而且实在没什么吃头。而徽商则留下了"徽菜"与"淮扬菜"。

做人不仅是"独善其身"，而且还包括"兼济天下"。"兼济天下"既有今天所说的承担社会责任，也有善待他人的为人处世之道。晋商的善待他人，包括善待商业伙伴（晋商称为"相与"）、乡里、仆人，也值得一说。乔家在年关时总在夜深无人之际向乡里送去肉、面等年货。乔家门口总拴几匹牛、马，供乡亲无偿使用。乔家的仆人提起过去的往事，总是感恩不尽。乔家大院经历数次战乱，而能完整保存到今天，就是他们善待一切的明证。富而不遭人恨，则在于他们为富而仁。不要把仇富完全归咎于穷人，引起别人仇的还是富人自己。你开着宝马车去撞别人，别人能不仇吗？

晋商中的富商大户能把儒家做人的标准一代一代传下来，还在于教育。他们起家时没有文化，但成功后特别重视对子女的教育。而且，他们与徽商不同的是，徽商重视教育是为了学而优则仕，让子孙为官。晋商没有那么强烈的入仕之心，重视教育是要子孙知书达理，实现人格上的完善。有了这样的人格，即使没有商业上的成功，也可以成为一个有益于社会的人。乔家和常家的子孙已经没有当年的辉煌家业，成了普通百姓，但他们仍在平凡的工作中作出了贡献，至今仍坚守着那份与众不同的家风。

今天我们谈起晋商总津津乐道于他们的财富、事业这些形而上的东西，往往忘记了这些形而上的东西，实际上来自形而下的精神。这就是儒家所说的做人问题。晋商最值得我们学习的也不是经营之道，而是为人之道。

开放才能与时俱进

明清时的商帮，繁荣时都同样风光，但在衰亡时却走了不同的路。有的商帮衰而未亡，换个方式地点，继续存在并有所发展。有的商帮则彻底衰亡，再无出头之日。究其原因，则在于开放程度的差别。

粤商在鸦片战争之前是极为风光的，既垄断了中国的对外贸易，又代表政府征收关税，官商一体，成为天下首富，十三行的首领、怡和行的老板伍秉鉴 1834 年个人资产已达 2600 万两白银。另一个富户、同文行的潘家，资产达 1 亿法郎。鸦片战争中，粤商处于尴尬的地位，洋人不听他们的劝告放弃鸦片走私，官府与百姓又认为他们是勾结洋人的卖国贼。鸦片战争后开放了五口通商，他们的垄断地位丧失，粤商从此走向衰亡。

但是，粤商是一个开放的商帮，广东又领全国开放之先。据记载，早在西汉时期，广州就有对外贸易。在西汉南越王墓中出土的五支非洲象牙和一个伊朗古波斯薛西斯王朝时代的银盒，就是有力的证据。广州一直是海上丝绸之路的起点，各条航线的起点都从广州开始，其中从广州到南海、印度洋、波斯湾和非洲东海岸各国的航线被称为"广州通海夷道"，途经九十多个国家。与国外贸易，其意义不仅是物质的，更重要的是与不同信仰和思想的人交往，就能接受各种新思想，具有开放意识。中国第一代具有开放意识的思想家，如梁启超、郑观应等都出自广东，洋务运动的骨干，如徐润、徐达等人亦出自广东。广东是领全国开放之先的地方，这并不是偶然的。

在广东形成的粤商也是各个商帮中最开放的。他们最早与西方商人打交道，思想也深受其影响。美国人约翰·福布斯是伍秉鉴的义子，伍出资帮他建立旗昌洋行。福布斯发财之后投资于美国铁路，成为铁路大王。伍秉鉴受其影响，在美国投资于铁路、证券交易和保险业。伍秉鉴应该是第一个对外投资的中国商人。

鸦片战争之后，粤商失去对外贸易的垄断权，在广东走向衰落。但是，他们看出，中国下一个开放的中心是上海。于是，包括伍家后人在内的粤商纷纷向上海转移。今日的上海实际上是广东人开发的。当时的上海号称"小广东"，广东到上海的移民有 17 万—18 万人之多。他们以自己的资本实力和经商经验使上海成为全国对外经济的中心和许多国外大公司的总部所在地。他们的事业在上海也得到继续发展。

在广东人进入上海之后，紧随其后的是宁波人。宁波古称鄞，自古就是"海道辐辏之地"，中国最古老的外贸港口之一，也是东方海上丝绸之路的始发港。最早从唐代起就与日本等国有密切的对外贸易。在宋代，与广州、泉州并称全国三大对外贸易港口。"番货海错，俱聚于此"。明代之后，形成中国十大商帮中的宁波帮。鸦片战争后，西方各国用炮舰迫使清王朝对外开放，宁波也成为五口通商口岸之一。宁波人抓住这个历史时机，从旧式商帮转化为现代企业家。

他们也看到，未来的经济中心在上海。于是，大量向上海移民。到清末，在上海的宁波人已有40万，占上海居民的三分之一。到20世纪20—30年代，在上海的宁波人已达百万之众。他们或代理经销洋货，或附股洋商，或充当洋商的买办。在这一过程中，他们吸收西方的经营理念与管理经验，从商业进入实业，出现了严信厚、叶澄衷、朱葆三、虞洽卿、刘鸿生、秦润卿、方椒伯、俞佐庭、黄延芳、周宗良等一批叱咤风云的企业家，并掌握了上海总商会的实权。以后，他们又向汉口、天津等地发展，有"毋宁不成市"之说。尤其值得注意的是，他们完成了从商业资本向产业资本的转化，又投资于现代银行，成为产业资本时代的企业家。在近代中国第一代产业企业家中，宁波人处于执牛耳的地位。

徽商虽然不像粤商与宁波商一样抓住了对外开放的时机，但由于有移民的传统，衰亡之后仍在全国各地活跃。徽商的衰落是在清中叶嘉庆、道光年间。当时，清政府把盐业的"纲盐制"改为"票盐制"，任何人无须进入"盐纲"，只要花钱就可以买盐引，从事盐业贸易。徽商的盐业垄断地位被打破，徽商作为一个商帮衰落了。但是，徽商并没有彻底退出历史舞台。他们虽然在盐业中衰落了，但仍从事茶叶、木材、典当、票号等行业。他们离开了徽州，离开了传统的盐业中心扬州，但仍然在全国其他地方从事商业活动。他们虽然不再称为徽商，但仍然出现了不少成功的企业家。

晋商被称为"天下第一商帮"，但却也是最封闭、最保守的商帮。在清代民初衰亡之后就彻底退出了历史舞台。

晋商也是全球化贸易的商帮。晋商中的"船帮"在清康雍乾三代从事与日本的贸易，"驼帮"从清初到清亡，一直在从事对俄罗斯、蒙古的茶叶等物品贸易。他们的对外贸易是只有物品交流，而没有思想交流，何况他们的贸易对象日本、俄罗斯、蒙古也远不如英美等西方国家的思想先进。因此，这种贸易，银子赚了不少，但并没有思想交流。晋商从事这些对外贸易时，只关心如何做好买卖，并没有学习他们的新思想。在晋商的内心深处，仍有根深蒂固的夜郎自大的意识，把贸易伙伴国看做"蛮夷之地"。这种保守的心态阻止了他们向外国学习。尤其是晋商的大东家、大掌柜居住在内地太谷、平遥、祁县的深宅大院，对 19 世纪末 20 世纪初动荡的世界毫不了解。甚至拒绝去上海、北京、汉口这些开放的地方看看。

这种保守使他们失去了两次重大的转型机会。一次是从商业资本转向产业资本。19 世纪 70 年代，山西大量的煤炭矿藏被发现。山西人民夺回了被外国人骗走的开采权。这是晋商转型的一次极好的机会。晋商渠本翘等人组建保晋公司准备进行现代化采煤产业。可惜这项事业没有得到更多晋商的支持，缺乏资金，终于失败。另一次是从票号转向现代银行。晋商有三次进入银行业的机会。前两次是清政府和袁世凯让晋商组建中央银行，但被晋商拒绝。这也许是出于他们对政府和袁世凯的不信任，情有可谅。第三次是蔚丰厚票号的北京分号掌柜李宏龄主张通过股份制的形式把分散的票号改组为现代商业银行——三晋银行。但由于晋商的保守，这个计划最后还是流产了，甚至李宏龄都被指责为有野心的"小人"，六十余岁就在郁闷与失望中离世。

这两次转型失败后，晋商的彻底消亡就只是迟早的问题。而且，晋商还不如徽商的地方是，缺乏四处为家的移民精神。无论在什么地方获得成功，最终都要回到山西盖大院，落叶归根。所以，晋商才衰落得如此彻底、干净，没有留下一点痕迹。如果不是现在的介绍和宣传，许多人恐怕连历史上存在过的晋商都不知道。无怪乎余秋雨先生惊呼"抱愧山西"。

历史的经验告诉我们，开放才能与时俱进，开放才能永远领先。1978年的改革也正是从开放开始的。当我们打开国门，深感有被开除"球籍"的危机时，改革才有了动力。

有压力才有创新

中国的典当业起源于南北朝时期。最早的两家当铺都是寺庙，一家是南齐的招提寺，另一家是南梁的长沙寺。到了明清时期，这一行业的执牛耳者南方是徽商（以休宁人为主），北方是晋商。到了清代中期，徽商包括典当业在内已经走向衰落，而晋商则由典当进入票号，迎来了新的辉煌。造成这种差别的原因是什么？

徽州人从事商业的时间可以追溯到唐宋，甚至东晋，徽商成为一个商帮是在明代中期形成的。徽州人的商业活动主要在木材、茶叶、盐业和典当上，核心产业是盐业。

明代继承了西汉以来的盐铁专卖，由国家对盐业实行垄断性经营。明初政府为了保证北部驻军的军需供给，实行了开中制，即允许私人用粮草换取盐引，从事盐业贸易。开中制促成了晋商的形成。明代中期，开中制已不能适应社会需求，弘治五年（1492），户部尚书叶淇变法，把纳粮开中改为纳银开中，并提高了盐引值。这就是开中制变为折色制。在折色制下，商人不必再到北部边疆纳粮换盐引，在内地就可以到盐运司纳银换取盐引。这时盐商分为"边商"与"内商"。"边商"是仍在北部边疆纳粮换盐引的商人，"内商"则是在内地纳银换取盐引的商人。这时"边商"失去了靠近北部边疆的地理位置优势，无法控制盐引。"内商"控制着内地的盐业，资金雄厚，迅速发展起来。"内商"向临近两淮盐场的扬州集中，以徽州人为主，这就形成了徽商。

本来在开中制和折色制下，任何人都可以用粮或银子换盐引，但在盐业垄断之下，盐业的利润太高了，一斤盐居然卖到三钱银子（相当于一石米），这就激发了政府和官员滥发盐引，造成盐的产量小于发出的盐引，明代中后期已发出而未支盐的盐引达到 20 万引。为了疏清旧引，政府把持有盐引的盐商分为十纲，每年对一纲以旧盐引支盐，其他九纲以新盐引支盐。政府按纲编造纲册，登记商人姓名及旧引数量。名字不在纲册上者，无权经营盐业，这就是纲盐制。纲盐制实际上是政府授权的私人垄断。进入盐纲者都有政府官员背景。盐业由政府垄断变为官商勾结的私人垄断，因此，可以获得丰厚的利润。

进入清代之后，盐业仍然沿用了纲盐制，盐商要能入纲并保持地位，就必须依靠官方背景。或者官商一家，如曹文埴、曹振镛父子在康雍乾三朝为军机大臣、大学士，其家族亦从事盐业。或者官商勾结，如大盐商江春、鲍志道都有官员，甚至皇帝的支持。这时的徽商需要的不是商业上的创新，而是维持与官员非同寻常的关系。清代文人李斗写的《扬州画舫录》记载了徽商在扬州骄奢淫逸的生活方式。美籍华人、历史学家何炳棣先生在评论徽商的生活方式时也指出，他们如此奢华，不仅是本身的爱好，更为重要的是交结官员，实现官商勾结。乾隆皇帝七次下江南，都由徽商接待，排场之大，耗费之多，无与伦比，无非是想让乾隆关照他们，给予更多的特权。

徽商靠盐业垄断获得暴利而富极一时，保持这种暴利的唯一方式是靠政府维持垄断地位。这样，徽商就把心思用在结交官府上，而不是商业本身的创新上。所以，清代中期，当纲盐制变为票盐制，任何人都可以从事盐业时，徽商的垄断地位不复存在，徽商就走上了不可逆转的衰亡之路。他们的典当业在盐业垄断时代并不重要，在盐业垄断消失之后，也没有向票号转变。徽商靠垄断获利，当然丧失了创新的能力。

晋商在明代中期之前，也以盐业为主，亦靠官商结合而做大，如张家与王家都是官商合一的大家族。但进入清代之后，乔家、曹家、常家、渠家、侯家等显赫一时的晋商，都是白手起家的，没有任何官方背景，却成就了一番事业，靠的是自我奋斗。他们要生存、要发展，只有靠不断创新。有了创新的动力，就会有创新的方式，既有现代经济学家所讲的制度创新，又有技术创新。

从商需要资金，晋商和其他商人一样也是从自有资金小本经营起步的。但要把商业做大，必须解决筹资问题。晋商采用过贷金制、合伙制和伙计制，最后在清嘉庆道光年间（19 世纪初期），终于找到了股份制这样一种至今仍有生命力的筹资方式。晋商的股份制已具有现代股份制的三个基本特点：股权多元化、股权相对集中，以及所有权与经营权分离。晋商的企业可以做到拥有员工三万余人，分号 600 多家，靠的就是股份制。晋商走股份制之路并没有任何理论指导，完全是自己在实践中摸索、创造出来的。这在中国企业发展史上也是一个伟大的创新。

企业做大了，就必须有一套规范化的管理，晋商深知这个道理。管理规范化必须解决两个问题，一是用人，二是制度。在用人方面，晋商打破了家族企业亲情化管理的传统模式，坚持"用乡不用亲"，而且，坚持东家的"三爷"（儿子称为"少爷"，女婿称为"姑爷"，小舅子称为"舅爷"）不能进自己家的商号或票号。晋商建立了一套至今在我们看来，仍相当有效的管理制度，包括用于激励员工的身股制，即员工享有身股，并按身股参与分红；企业内部的管理制度；被称为"龙门账"的现代复式记账的财会制度，等等。这些制度创新保证了晋商几百年的成功。

山西是一个内地省份，资源并不丰富，但晋商却做成了天下第一商帮，这靠的是创新。山西本不靠海，但山西人清初的船帮做的却是对日贸易。山西商人把中国的瓷器、丝绸等运往日本，换回铜，从中获得了高额利润。山西也不产茶，但它紧靠茶叶需求大户俄罗斯和蒙古。山西人利用这个广大的市场，从湖北、湖南、福建采购并加工成砖茶，运至俄罗斯和蒙古。这成就了晋商中的驼帮。更为重要的是票号业的创建。票号被称为现代银行的乡下祖父。19世纪初期，国内动荡，晋商抓住时机，创建了异地汇兑的票号，在"货通天下"的基础上实现了"汇通天下"。票号是一项全新的业务。晋商在实践中创造了一整套适应这个行业的制度，使之有效运行百年之久。在这百年中，票号经手的银子有十几亿两，但没有出现过一次高管携款逃跑、贪污、诈骗等违法事件，这在当时的条件下不能不说是一个奇迹。

徽商在清代中期失去盐业垄断地位之后就走向衰亡，晋商则在明代中期盐业失利后，不断创新，一步步走向辉煌。究其原因则在于徽商的垄断地位使他们丧失了创新的能力，而晋商却要在不断创新中才能生存与发展。创新的能力是逼出来的，是市场竞争逼出来的。徽商的垄断来自政府，晋商在对俄罗斯的茶叶贸易和票号业中也形成了垄断，但这市场垄断是市场竞争的结果，并没有政府权力的保证。

中国有一句古话是"置之死地而后生"，就是指"死地"激发了人的创新能力。徽商有政府保护，没有置于"死地"，创新能力就自动消灭了。晋商经常处于"死地"而保持了不断创新的能力。如果把徽商比之为有政府保护的国企，把晋商比之为没有政府做后台的民企，这篇文章就不仅仅是发思古之悠情，而是借古喻今了。

大灾中的晋商

2008 年汶川地震牵动着全国人民的心。从普通百姓到企业家都伸出了援助之手。中国商人一向有"天下兴亡，匹夫有责"的胸怀。这时的商人不再是唯利是图的商人。他们以天下为己任，把帮助黎民苍生放在第一位，尽自己所能为救灾出资出力。历史上的晋商在屡次灾害中也都起到了先锋作用。

山西是一个多灾的地方。在明清两代，平均八年一次大旱，仅明代276年中，就有大旱44次，平均每六年一次，而且在大旱之年往往有虫灾。山西也多次发生地震。据记载，从明洪武元年（1368）到道光二十年（1840）的472年间，共发生地震104次，其中六级以上的地震八次，还有过七级，甚至八级地震。在当时的条件下，政府的财力和组织能力都远远不够。每次灾害都会有大量的百姓流离失所，忍饥受饿，甚至大量死亡。这时出面救灾的往往是商人。

同治七年（1868），一场百年罕见的旱灾席卷北方大地。山西陕西的灾民死伤无数。乔致庸决定，家里所有人，无论男女老幼生活一律从俭，不许做新衣服，更不许吃山珍海味。乔家不仅给乔家堡的所有村民发放口粮，使他们足以维持温饱，还在街上广设粥棚。他要求所熬的粥要达到"插上筷子不倒，解开布包不散"的标准。灾民蜂拥而至，每天有数万之众。开始时只有两口大锅熬粥，后来增加到20口大锅，最后增加到100口大锅。这种救灾行动持续了4个月，但灾民越来越多，竟有10万之众。乔家有人认为，灾民太多，凭乔家的能力，救不过来。乔致庸却回答："就是救不了天下所有灾民，也要救济逃难到乔家堡的灾民。"他甚至让家人不再在家中开伙，而是和灾民一起领粥。在乔致庸的感召和游说下，其他富人也纷纷设粥棚，才解了灾民之困。当山西巡抚来到乔家堡，看到村外的几百口大锅时，感动不已，代表天下灾民，向乔家磕了几个响头。正是乔致庸的义举，使无数灾民有了生存的机会。

光绪三年（1877）是中国灾害史上极不平凡的一年。这一年，山西、陕西、河南、河北等北部省份遭遇三百年来最严重的一次旱灾，颗粒无收。据当时驻扎在天津的万国救济委员会估计，因饥饿、疾病或暴力而死亡的人口在900万—1300万人之间。其中山西受灾最严重，全省有三分之一人死亡。清代时的政府既没有强有力的物质财富，又缺乏组织协调能力，救灾工作甚不得力。面对严重的灾难，山西商人也深受损失，但他们以救苍生百姓为目的，主动行动起来，投入各种救灾工作。

救灾首先是捐钱捐物。在灾害发生后短短几日内，晋商共捐银12万两。乔家的乔致庸一人捐了3.6万两，乔家还开仓赈灾。当时山西巡抚曾国荃亲笔题写"福重琅环"巨幅匾额相赠。常家捐出了 3 万两白银。蔚家五联号的东家侯荫昌捐 1 万两白银。元丰玖票号的东家孙涉伦先捐银 1.6 万两，后又捐粮千石。其他晋商，无论大小，都有捐赠。

晋商不仅捐钱捐物，而且还组织各种救灾工作，承担了捐款的募集、汇兑和发放，协助政府进行救灾工作。蔚丰厚掌柜范凝晋受平遥县县令之托，办理各项救灾事务，主持捐赈局的工作。他是当地人，在当时士绅中享有相当高的声誉。他号召当地士绅捐钱、捐物，并亲自分发给当地最困难的人。连续工作几个月，很少休息，获得了乡亲们的尊重。此外，日升昌的掌柜张兴邦也利用自己的人际关系，动员亲朋好友捐助。协同庆票号的大掌柜刘庆和平日就十分热衷于公益事业，修桥补路、组织团练、开设书院等，这时他又出面号召乡绅捐钱、捐谷。这些人都受到当地人民称赞。

晋商在各地分号的掌柜也与家乡同仁共同救灾。蔚丰厚票号金陵分号掌柜范家俊受两江总督之托负责募捐之事。他四处游说，在短期内就筹集到 10 万两白银。在四川分号任职的温佩琛在四川财政困难的情况下，先垫支 10 万两银子汇往山西，之后又在四川士绅中筹集白银几十万两，可以说，晋商设在各地的分号都成为当地募捐救灾的中心，充当了这次救灾的义工。

更令人感动的是常家。大灾使这个外贸世家遭到了沉重的打击。大灾之年，人畜大量死亡，他们无法组织起庞大的运输队伍，运往俄罗斯的茶叶仅为正常年份的 4%，还要承担违约之赔偿。这时常家已是近 800 口人的大家庭，维持这么多人的生活也非易事。然而常家不仅捐出白银 3 万两，而且还想用更有效的方法帮助乡亲。他们知道，乡亲们平常还是可以过小康日子的，在这样的灾年，难以放下面子去粥棚领施舍饭。因此，他们决定盖一个戏楼，任何人只要每天搬一块砖，就免费提供两顿饭。大灾持续了三年，这个戏楼也盖了三年，共耗银 3 万两。这个戏楼现在还在常家庄园中，并没有什么特殊之处，3 万两银子当年可以盖一个相当大的院子。这个戏楼是没有成本－收益核算的，常家也失去了往日经商的精打细算。从经济的角度看，这个戏楼是失败的。但它体现出的那颗仁爱之心是无法用金钱衡量的。我每次去看这个戏楼都要为常家的慈爱之心所感动。

其实参加救灾的不只是这些大户人家，许多小晋商也为救灾作出了他们的贡献，在各地的县志中有大量这样的记载。比如，在光绪三年的大灾中，太谷武炎卿"闻里有坐困无食者辄施食、施谷、施钱以拯之"。文水土堂村贾怀宝、李让在京经商。大旱灾时，贾家建房，给农民以工作机会，李家从北京运回粮卖给村民。"李家贩粮，贾家盖房"使土堂村

无一人饿死，这个故事一直流传到今天。祁县商人孙继申、王稀英、郝常发在光绪三年把自己的粮食拿出来救灾，使全村人度过了大灾之年。

光绪三年，平遥一地"富户一百六十七家和城乡当商票号钱行各铺户，共捐钱二十二万一千七百六十四两，制钱二万九千五百六十串文。达蒲李家各门，共捐银钱六万七千六百两，赈大口十万三千零，小口四万六百八十九。栖留所二处，男所一百四十余口，女所两千八百余口，收养幼孩七处，收至一千六百八十九口。始终经理其事者，邑绅郭开运、范凝晋、李继庚、刘庆和、许尔仑、冀日章、陈云章、呼嗣琅、米养琅、刘培厚、成铭等"。平遥一地尚且如此，其他地方大体相似。

经商不忘爱国、不忘自己的社会责任，是中国商人一贯的传统。在中华文化土地上产生的晋商，骨子里继承的还是

儒家文化。儒家文化的核心是把义与信放在利之上的。无论他们的生意做得有多大，都没有忘记自己"达则兼济天下"的宿愿。他们平时经常从事慈善、济贫、修路、兴学等公益事业，在大旱之时就尽自己之力投身于救灾工作。

从这次地震看，中国新一代企业家仍然没有忘记这个中国商人的优良传统。他们把这种企业家的社会责任提升到一个新的层次。这一代企业家，将是比晋商更辉煌的一代。

成功转型的宁波商帮

明 清时期的十大商帮是封建社会的商人，也在封建社会衰亡过程中逐渐灭亡。

从几个主要商帮来看，最早灭亡的是徽商。徽商号称从事盐、茶、木、典四大行业，实际上使徽商致富成名的还是盐业。清代嘉庆、道光年间，盐业政策由纲盐制（入纲才能经营的垄断）改为票盐制（任何人只要购买盐票都可以经营），徽商失去了盐业经营的垄断权力，徽商作为一个商帮就衰亡了。

1840年的鸦片战争打开了中国的大门，中国被迫开始现代化历程。战争的结果之一是清政府开放了五口通商。这就结束了广州一口通商，且只能由十三行从事的局面，打破了粤商垄断对外贸易的地位，粤商衰亡了。

1911年，清政府灭亡，这标志着封建社会的结束。历史最长，而且是最大的商帮晋商也结束了自己辉煌的历史，退出了历史舞台。而且，晋商衰亡得如此彻底，除了留下一些大院以外，从现代山西商人的身上，看不到一点当年晋商的风范。晋商的辉煌几乎被我们所遗忘。

然而，在其他商帮衰亡的同时，宁波商帮却成功完成了转型，从封建商人转变为现代企业家，成为中国近代经济发展的领军人物。

位于东海之滨的宁波早在七千年前就有河姆渡人生息。由于临近海洋，也是中国最古老的对外贸易港口之一，成为"海上丝绸之路"的始发港。早在秦朝就有海外客商来此贸易。宁波附近的山叫鄮山，并设鄮县，鄮即"贸邑"两字的合写，"以海人持货易于此，故名"。唐代时就有通往日本等国的航线，"海外杂国，贾舶交至"，并设立了政府的外贸管理机构"市舶司"。宋代成为与泉州、广州并列的全国三大对外贸易港口，"番货海错，俱聚于此"。明代实行海禁，宁波商人弃海登陆，在内地寻找商业机会。明万历年间，宁波商人孙春阳在苏州开设"孙春阳南货铺"，宁波商人开始走向全国。我们这里所说的宁波商人不仅包括现在宁波市各县的商人，而且还包今天绍兴市和舟山市的部分县。这里所说的宁波是指旧宁波府所属的鄞县、镇海、慈溪、奉化、象山、定海六县和后划入宁波府的余姚、宁海。宁波商帮也是指这一地区的商人。

商帮是指以地域为纽带的商业联盟，这种联盟通常以行会或会馆为组织形式。明末崇祯年间宁波从事药材业的商人在北京所创建的鄞县会馆。以后，清初宁波商人在北京建立浙慈会馆，乾隆、嘉庆年，宁波商人又在汉口建立浙宁会馆。嘉庆二年，宁波在上海的商人钱随、费之圭等又发起建立四明公所。这些会馆、会所的建立标志着宁波商帮的形成。

明清时，宁波商人在北京、天津、汉口、上海等地已有相当势力。在北京，他们控制了银号业、成衣业、药材业。至今仍然有名的同仁堂就是宁波商人乐梧冈在康熙八年创办的。高阳小说中经常提到的四家银号"四大恒"，也是宁波人的。但是，宁波商帮的真正黄金时期是在鸦片战争之后。鸦片战争后，清政府开放的通商五口之中有宁波，而且，宁波距上海很近。上海成为洋商和国内商人聚集的地方，成为洋务运动的中心，也是当时中国经济的中心。宁波商帮抓住这个历史机遇，进入上海，完成了自己从封建商人向近代企业家的转型，宁波商帮成为中国近代史上的第一商帮，也为中国由封建经济转向资本主义经济作出了自己独特的贡献。

应该说，最早进入上海的不是宁波商人而是粤商，但使上海真正成为全国，以至远东经济中心的是宁波商人。到清末进入上海的宁波人已达 40 万，到 20 世纪 20—30 年代，旅沪的宁波人已达百万之多。这些人中有已经成功的商人，但更多的是白手起家的。他们从当学徒、伙计、木工、裁缝、车夫、挑夫做起，或者涉及新兴行业，或者依附洋商充当代理或买办，在获取第一桶金后，投资于民族工商业，产生了一大批民族企业家。

在发展过程中，他们基于互济互助的目的在上海建立了各种行帮协会，如渔业的同善会，海味业的崇德会，酒业的济安会，南货业的永兴堂，猪业的敦仁堂，药业的喻义堂，肉业的诚仁堂，洋货业的永济堂，石作业的长寿会，木业的年庆会，银匠的同义会，劳工团体四明长石会，水手的均安会等。1909 年（宣统元年）宁波商人又筹建了四明旅沪同乡会（1910 年改名为宁波旅沪同乡会）。1920—1935 年间，还分别建立了镇海、定海、奉化、象山等地的旅沪同乡会。这些帮会的建立表明宁波人不是单个在上海奋斗的商人，而是一个有组织的商帮。

使宁波商帮能称雄上海的重要因素是宁波商帮掌握了上海总商会的实权。上海总商会是控制上海金融贸易并在全国有举足轻重影响的商人团体，它们还通过银业公会和钱业公会控制着上海工商界各业公会。1902 年上海商业会议公所成立，首任总理为宁波慈溪人严信厚。1904 年改为上海商务总会，严信厚又继任会长。从 1902 年到 1946 年，宁波商帮在上海商会中任职的名人有：朱葆三、周晋镳、虞洽卿、秦润卿、宋汉章、李厚佑、傅筱庵、袁履登、俞佐庭、厉树雄、方椒伯、金润庠、盛丕华等。宁波商帮长期控制上海总商会，反映了它在上海工商界的实力和地位，也促进了宁波商帮的发展。

鸦片战争是中国历史由传统转向近代的转折点。在这种转折时期，其他商帮都没有实现转型，或者努力了，没有成功，所以，在清灭亡之后都衰亡了。只有宁波商帮形成于封建社会的明清，但在社会转型时自己也实现了成功的转型，并在新形势下迅速壮大。这种转型包括两种：一是由从事纯粹的商业活动转为投资于现代产业，二是从传统的银号、钱庄转入现代银行。这种转型使传统封建社会的商人转变为资本主义企业家。

传统的商帮是从事纯商业的，封建社会末期也有商帮企图转向现代产业，如晋商曾经进入现代煤矿业，但没有成功。宁波商帮成功地进入现代产业，是中国最早的民营企业家。宁波商帮最有代表性的莫过于虞洽卿了，虞洽卿（1867—1945）出身贫寒，15 岁到上海当学徒，从跑街开始，当过买办，清政府官员，并自营进出口业务，经营房地产，创办了一系列实业，如四明银行、宁绍商船公司、三北轮埠公司，在金融与航运界具有举足轻重的地位。他参与创办上海证券物品交易所，南洋物业会，对宁波商帮的崛起具有决定性作用，完成了从传统商人到现代企业家的转型。再如宁波商帮的另一个代表人物叶澄衷（1840—1899），从小到上海摇舢板，贩卖烟酒果品，以后开办了中国人最早的外贸商行——老顺记洋货号，经营食品与船上用的五金杂货和洋油，被称为"五金大王"和"火油董事"，又创办火柴等实业。

另一位更具代表性的人物是朱葆三（1848—1926），他从学徒做起，以后投资于金融业、交通运输业、公用事业、工矿企业、其势力之大，以至于当年有"上海道一颗印，不及朱葆三一封信"的传说。宁波商人对上海和全国的经济发展作出了重大贡献。在中国现代化的过程中宁波商帮的贡献不亚于洋务运动。而且洋务运动的推动者是政府，宁波商帮则是地道的"草根经济"，民营资本。

宁波商帮的另一种转型是由封建社会中的钱庄转变为现代银行。在清代宁波商帮的钱庄与晋商的票号是相近的金融机构，而且在鸦片战争之后都陆续进入上海，可以说双方旗鼓相当。但在1904—1914年间，晋商有多次进入大清银行的机会，甚至政府指定由晋商组建大清银行，都被他们拒绝。山西的票号也曾努力组建商业银行，如蔚丰厚北京分号掌柜李宏龄就曾努力推动三晋银行的建立，但由于东家、大掌柜的阻挠而失败。宁波商人则在原有钱庄的基础上，建立了现代银行。1897年组建的中国第一家商业银行"中国通商银行"就是宁波人创办的。宁波人叶澄衷、严信厚和朱葆三是三位总董，董事傅筱庵和常务董事徐圣禅都是宁波镇海人，常务董事孙衡甫、谢光甫、朱子奎和事务局理事厉树雄、业务局理事俞佐庭也是宁波府各县的人。1917—1918年成立的上海银行公会共有八个成员。其中中国银行、交通银行和盐业银行是官办银行，其他五间民营银行浙江兴业银行、浙江地方实业银行、上海商业储蓄银行、中孚银行和四明银行，都与宁波商帮相关。

票号、钱庄和银行都是金融机构，但它们在制度和运行机制上有本质的不同。票号和钱庄属于封建社会的金融组织，银行是资本主义的金融组织。鸦片战争之后，中国社会由封建社会向现代社会转变。尽管这个过程是被迫的、缓慢的、曲折的，但方向是不容改变的。1911年辛亥革命之后，中国的封建社会已经结束。在这种形势下，票号和钱庄已经失去了生存的基础。晋商又没实现从票号到银行的转型，因此不可逆转地灭亡了，这也使晋商从此退出历史舞台。宁波商帮则完成了这种转型，这就为宁波商帮在社会转型之后的成功奠定了基础。

宁波商帮和其他商帮都产生于封建社会，为什么其他商帮在封建社会崩溃时无论过去如何辉煌，都逃离不了灭亡的命运，而唯有宁波商帮一枝独秀，转型成功了呢？

这首先与他们的活动地域相关。我们知道，商帮是指某地的商人。有些商帮的业务中心，就在这些商人所在的地方，如粤商就在广州，晋商尽管在全国乃至国外活动，但中心还是在祁县、太谷、平遥这几个小县城。有的商帮并不以本地为中心，如徽商的中心在扬州。宁波商人也在全国活动，但中心在上海。活动的中心不一样，从事的行业不一样，机遇不一样，思想开放程度也不一样。晋商以山西的几个小县城为中心，所以难以接受新思想，难以开放。宁波商帮在中国最开放的上海从事经商活动，所以，就有机会与洋商打交道，接受洋人的新观念、新思想、新的经营管理模式。许多宁波商人都从事对外贸易或当买办，他们与洋人共事，而且要做好事，就必须接受洋人的新观念和新思想。他们生活在上海这样的"十里洋场"，受各方来的新思想的熏陶，不知不觉就有了开放的观念，学会了进行实业投资和经营现代金融。经济学家特别强调早期发展中的地理位置。那些沿海城市开放程度高，就与他们同来自不同地方的人打交道，受其影响相关。在一个开放的地方，人的观念也开放，宁波商人正是在上海这样的地方实现了在各商帮中思想领先，从而顺利转型。

宁波商帮转型成功的原因是他们始终是"草根商人"，没有依靠"官商结合"。在封建社会中，政府控制着资源，经济是有权而兴、无权而衰的权力经济。那些没有以权力为背景的商帮始终没有做大，如山东的鲁商、陕西的陕商、浙江的龙游商，等等。成功的商帮都要依靠政府，靠权力致富。粤商靠的对外贸易垄断权是政府给予的，而且他们都亦官亦商，商人本身也是官员。所以，当这种垄断权力失去之后，就无法存在了。徽商靠的是盐业的垄断权，也是政府给予的，一旦垄断的纲盐制改为竞争的票盐制后，他们也迅速消亡了。晋商在明代从事盐业，也靠了官商结合。清代之后的晋商，如乔家、曹家、常家等起先也是白手起家的草根商人，但他们以后能如此辉煌，靠的还是政府的权力。晋商票号能做大，靠的是进入官银汇兑，而能进入这一领域，则是借助于政府的权力。

官商结合靠权力致富就削弱了创新的能力。官商结合能带来的利润太高了，不必在经营、管理上进行创新，只要花力气维持好与政府官员的关系就可以。换言之，草根商人与官商努力的方向完全不同，草根商人要善于抓住商机，在开拓业务与经营上下功夫，不创新就活不下去。但官商的关键是搞好与政府官员的关系。徽商用巨资接待乾隆皇帝下江南，交结各级官员，所带来的利润远远高于经营创新。据美籍华人历史学家何炳棣估算，在1750—1800年间，徽商每年的利润高达500万两白银，50年就是2.5亿万两。有这样的暴利,还去做什么经营创新?官商结合会造就一大批富商,但无法造就成功的企业家。企业家的本质是创新,用权力赚钱是不用创新的,即使有创新也只是交结官员的手法创新。

宁波商帮中的商人也有不少有官位的,但都是在他们经商成功之后买的虚职或被授予的名义官职。官商结合的路子是先有官再赚钱,而宁波商人是赚了钱后才有官的。官位不是经商成功的前提,而是经商成功的结果。他们经商成功完全是靠自己的努力。要在商场上获得成功,就要靠自己抓住时机、艰苦奋斗和不断创新。这就使他们成为有创新能力的企业家,而不是靠官赚钱的富商。当然,不靠官商结合,不等于不关心政治,宁波商帮成功之后支持孙中山的革命,支持蒋介石统一中国。但他们并没有企图通过这些活动赚钱,而是出于其他目的,或者出于社会责任感,或出于寻求政治保护。

还应该指出,宁波商人的转型成功也与他们的文化底蕴相关。浙江在南宋以后,经济与文化得到迅速发展,到明清时已成为文化最发达的地区之一。宁波府则是浙江文化最发达的地区,明清商人在经商成功之后也关心文化的发展。生活在这种文化氛围中的宁波商帮,既善于从传统文化中吸收精华,又善于接受先进的外来文化。这种文化使宁波商人有自己成功的商业经营理念,而且也善于接受新知识。从根本上说,文化是商业成功的基础,没有文化的人也可以一夜致富,甚至富甲天下,但只有有文化的人才能创建一番事业,造就一代商帮的辉煌。宁波商帮的成功离不开文化。

夹缝中的粤商

粤商并不是指广东籍的商人。粤商中有非广东籍者，如曾任十三行行首的潘振承就是福建人。广东籍商人也并非全是粤商，如潮汕商人就更接近于闽商。我们这里所说的粤商是指清代专门从事对外贸易，以十三行为中心，在广州经商的商人。

在中国的十大商帮中，粤商从事官商结合的对外贸易，但既不同于从事对外贸易的晋商，又不同于官商结合的徽商。要了解粤商的特点，必须先了解他们所处的特殊环境。

潘振承生活在乾隆年间。我们所说的以十三行为中心的粤商在乾隆、嘉庆、道光前期是全盛时期，到 1840 年鸦片战争之后就衰落了。这一时期的主流意识形态和政治制度就是粤商活动的背景。这一时期，清政府对外的态度是什么呢？法国学者佩雷菲特（Alain Peyrefitte）的《停滞的帝国：两个世界的撞击》一书，记载了英国特使马戛尔尼在 1793

年到清朝并于 9 月 14 日受到乾隆皇帝接见的经历，详细描述了当年清政府的对外的态度。

当时的中国被称为"康乾盛世"，其实连英国被称为"黑暗的中世纪"时也不如。以经济而言，尽管 GDP 总量高于英国，但在 1347 年前，一个英国盖屋顶工人的助手，每天工资约为 1 便士，可以买 6 斤小麦，在维持自己生存以外，养活一个人是没什么问题的，而中国同样的蓝领工人，月工资才"二钱多"，自己生存都不易。至于人权方面，中国雇工人权毫无保障，被虐待是常事，在英国和欧洲这种情况并不多见。而且，"康乾盛世"也无法与"贞观之治"相比，因为在唐朝对外国人是开放的，中国还没有盲目自大，也知道国外的先进东西，外国人在中国可以当官，而且商人相当自由。"康乾盛世"盛名之下，其实难符。

也许是康乾盛世的虚名助长了统治者的狂妄，他们自认为是世界的中心，以天朝自居，其他所有国家都是"蕞尔小国"，属于大清王朝的藩属，而且极其落后，尚未开化，所以外国人只能称为"鬼佬"、"鬼妹"。描写粤商的小说《大清商埠》中写道，在十三行的公堂上挂一幅名为"皇朝山海万国朝贡图"的地图。在图内，大清国位于世界的中心，版图几乎占了世界的一半，四周稀疏标着若干藩夷小国，如英吉利、红毛国（荷兰）等。当英国人企图送一个地球仪改变中国人错误的观念时，却触犯了龙颜。乾隆盛怒之下还引起了一起冤案，十三行当时的行首陈焘洋差点被满门抄斩，他的儿子陈寿山冤死狱中。清朝统治者这种以自我中心，高人一等的态度，不仅成为当时的主流意识形态，而且被所有国民所接受。这种态度主导了当时的对外政策。

在对外贸易方面，清政府自认为华夏地大物博，无一物求于洋人。外国人来是进行朝贡，向天朝敬奉自己的宝物，相应的贸易只是附属品，称为朝贡贸易。十三行公堂地图两边的对联正是清政府对外贸易思想的写照：四海连天万国恭顺观朝贡，九州动地皇恩浩荡赐贸易。各国是来进贡的，允许贸易是皇帝开恩对洋人的恩赐。

但是，清朝的皇帝还是需要朝贡贸易的。一来皇帝特别重视朝贡，因为这可以显示"四海来朝，八方来仪"的气势，表明各藩夷对我天朝的尊重、景仰、臣服，满足皇帝及臣民的虚荣心。不要小看了这种虚荣心。中国人一向重面子，皇帝也是这样。万国来朝无论多没有实际意义，也可以使皇帝及臣民得到极大的满足。各国有朝贡来，天朝要表示对夷人的怀柔，所以回赠物品的价值要远远高于朝贡物品的价值。二是由朝贡而允许的贸易，不仅显示天朝的胸怀，而且可以满足王公贵族对这些异国物品的需求。更重要的是皇帝把贸易的关税及其他收入作为"天子南库"，给皇帝和王公大臣带来现实的真金白银收入。

政府想获得朝贡，但又出于对洋夷的蔑视不愿直接出面，这就产生了由商代官行事的十三行制度。广东的对外贸易可以追溯到西汉时，但行商的产生却是清初的事。清政府实行严厉的海禁政策，但又需要与洋人打交道。康熙二十五年，（1686）广东省政府招募了十三家较有实力的行商，指定他们代皇帝接受外商的贡品，做贸易，并代海关征缴关税。这就是十三行。以后的十三行并不一定是十三家，但仍称为十三行。乾隆二十二年（1757），乾隆皇帝决定关闭其他贸易港口，仅保留广州作为唯一的对外通商港口，十三行是唯一合法的对外贸易商。这种一口通商就形成"东西南北中，一起到广东"的局面，也是十三行商人暴富的原因。

行商都有花钱捐来或由皇帝封的名义官职，如潘振承和以后的行首伍秉鉴都是三品大员。但他们无实职、亦无权，名为官商，实际上仍然是追求利润最大化的商人。作为既代表政府，又是商人的十三行，它们有四项职能。第一，作为皇帝特许的官商，独揽外商洋船接待，代皇帝接受贡品，并垄断进出口贸易。第二，代理海关事务。海关作为官方机构不与洋人直接接触，由十三行承办外商货物报关纳税事务。第三，根据政府的法令约束、驯化外商，监督外商在广州的自由行动。第四，转达外商与政府之间的一切交涉，外商无权进入广州城晋见政府官员。由这些职能看出，十三行是亦官亦商，第一项职能是作为商人，而且不是一般的商人，是皇帝特许的垄断商人。后三项则是作为官对外商进行管理和监督。这就是粤商与同样官商结合的徽商的不同之处。但他们的贸易又是垄断的，这就是与同样从事外贸的晋商的不同之处。

粤商的另一边是外国商人，即当时所说的"夷商"。外国商人中英国商人占到80%以上，是主体，而这一主体的代表则是英国东印度公司。当时在西方是重商主义时期，英国成为世界上第一个工业化强国和最大的殖民地宗主国，以大英帝国自居，以世界老大自居。这同样是"傲"，但还是以先进的政治制度、发达的经济和强大的军事实力为基础的。不像大清帝国是无知的"傲"。老大只能有一个，双方PK争夺老大，当然就有好戏看。更重要的是双方的主流意识形态是南辕北辙。英国经过启蒙运动和资产阶级革命，早已有了人权观念，视平等与自由为基本人权，而中国人恐怕连人权这个词也没几个人听说过。因此，就把对洋人的傲慢、限制作为理当如此。

"道不同不相与谋"，两国的差异如此之大，且无法弥补，那就老死不相往来好了。大清还可以真不与英国来往，它满足于自给自足，自乐其中的贫乏生活。但英国离不了大清。从大背景来看，英国正在全世界扩张自己的市场。中国是一个人口众多，有市场潜力的大国，英国当然不会放过，小而言之，英国离不了中国的茶叶、丝绸和瓷器。尤其是茶叶已成为上层人士的必需品，连普通百姓也成为茶迷。英国及其殖民地不产茶，茶的需求如此之大，当然就是最赚钱的商品，英国商人当然要与中国进行贸易。而且，当年在重商主义指导之下，各国都实行高关税。大清政府还不懂重商主义为何物，所以关税极低。尽管有各种苛捐杂税，而且受官员私下盘削，但加起来，仍然比其他国家的关税低。到中国经商能赚到大钱，英国商人当然趋之若鹜。

中英贸易是英国有求于中国，而不是中国有求于英国。按说英国商人应该明白"人在屋檐下怎能不低头"的道理。他们应该努力了解中国国情，即使再不情愿，也不能违背中国的各种不人道规定，甚至装出一副敬仰中华文化，热爱大清一切落后特色（包括男人留辫子，女人缠小脚）的样子。可是绝大多数英国人却总是处处与大清对抗。

粤商就是在这个夹缝之间两面讨好，从中盈利。在夹缝之间，既受夹板气，也能从两边获得好处。记住这一点是理解粤商的关键。

乾隆皇帝给了粤商十三行一口通商，而且只能由十三行进行的特权。这就赋予了他们垄断对外贸易的特权。这种垄断排斥了其他商人的竞争，其有利之处是不言而喻的。但获得这份垄断也要付出代价。首先是要向皇帝和王公大臣进贡、交钱，而且这些人是贪得无厌的。也许皇帝还不一定是特贪，但王公大臣，尤其是主管其事的内务府大臣，借皇帝之名行贪，那就非常可怕了。除了寻找各方珍奇异物满足皇帝的虚荣心和爱好之外，还要交真金白银。在皇帝和王公大臣看来，十三行的商人富甲天下，"尽孝"是应该的。而在商人，不断的盘剥，真是苦不堪言。

另一种代价则是连坐制。清政府为了维护天朝的面子，对外商欠十三行的债务和十三行欠外商的债务采取了不同的态度。外商欠了十三行商人的债务，政府并不帮商人去讨，更不采取任何措施防止这种行为。但十三行商人欠洋人的债一定要偿还，一家洋行欠债无力偿还，则要其他洋行和十三行公行承担。而且，任何外商要在中国做买卖，必须由一家洋行担保，一旦外商欠政府税款，要由担保行承担连带责任，担保行承受不了就要其他洋行共同承担。同样，外商违背了规定，则要惩罚担保商。总之，十三行对外商要承担无限责任。这就是十三行的"保商制度"。

十三行还要约束限制洋人的行为。洋人从国外的普遍理念与行为规范出发，对清政府限制行为自由，不许妇女外出，不许进广州城，不许船员上岸等等限制极为反感，甚至不惜一切进行抗争。十三行商人也认为这些限制甚为不妥。但他们作为大清的官员，必须严格遵守这些规定，约束洋人，否则与洋人同罪。做内心并不愿做的事，经常令他们非常为难。

当十三行商人，尤其是当行首，的确有更多的赚钱机会，而且确实也赚到了大钱，先后当过行首的潘振承和伍秉鉴都富可敌国。伍秉鉴在 1834 年时个人资产达 2600 万两白银（比晋商乔家、曹家这些大户家产 1000 万两白银要多得多），从而进入世界"千年 50 名富翁排行榜"，而且是中国人选的六人中唯一的一位商人。但也许付出的代价太高了，许多人并不以当行首为乐。伍秉鉴也多次申请退休，但官府不许可。1826 年，他以 50 万两白银的代价将怡和行的行务交给四子伍绍华掌管，但政府仍然要他为所有行商作担保。他甚至要求把 80% 的家产捐给政府，结束怡和行，安享他 20% 的家产，仍然未被批准。十三行变成了一座"围城"，外面的人想进去，里面的人又想出来。

洋人也不好对付。他们向十三行采购各种物品，尤其是茶叶一项成为主要的利润来源，同时也向十三行提供各种洋玩意。但是，洋人也有许多头痛之处。首先是洋人运来的洋货在市场上不一定好销，但要作出口必须有进口，这就形成有些十三行商人买了洋货压仓或只好低价出售，赔了钱。其次，洋人也并不全讲信用，洋人欠十三行商人债的事也屡有发生。最后就是洋人不守规矩，总提出一些过分的要求。如要妇女白天外出，要进广州城，船员还要求能嫖娼等。洋人这些违法行为被抓住就要由十三行的商人承担责任。

我们看到的往往是十三行商人富有的一面，而看不到他们付出的艰辛也非同一般。晋商做外贸仅仅同洋人打交道，政府一方虽然也要领"龙票"、受盘剥，但比粤商好多了，晋商的外贸商人毕竟不是皇帝直接勒索的对象。徽商仅仅同官府打交，而没有连坐制等规定，也不用同洋人打交道。粤商则同时与政府和洋人两个方面作战，其难度远远高于晋商和徽商。

粤商还有一点与其他商帮不同。商帮的含义是以地域为中心的商业联盟。属于一个商帮的各个企业尽管也有竞争、有矛盾、有刀光剑影的搏斗，但总体上还是互相帮助，互相扶植，共同对外的。而在十三行内，为争行首的争斗，相互之间为争保商的争斗，已经到了不惜手段，没有廉耻的程度。

后期的几任行首中最出名的还是伍秉鉴。粤商的终结是在1840年鸦片战争之后。从史料来看，十三行和伍秉鉴都没有介入鸦片贸易，从事鸦片走私的主要是散商。但洋人走私鸦片，伍秉鉴也被罚过。

鸦片战争的原因在于清政府的贸易政策。一位经济学家说过，商品不能跨过边境，士兵就会跨过边境。清政府限制贸易，英国无法打开中国市场，贸易严重入超，要运送白银到中国。这就引发了走私鸦片。其更深刻的原因是农耕文明与工业文明的冲突。农耕文明的中国即使开放了贸易，也没有对工业品的需求，所以，鸦片战争后，中英贸易在短期内增长也并不大。但鸦片战争对粤商是一次沉重的打击。政府和人民认为十三行为洋人做事是卖国贼、汉奸，尽管他们为政府捐款数百万元，但不被见谅。而洋人又认为他们帮中国政府惩罚他们。两面不讨好。鸦片战争结束，赔款 2100 万元，伍家被勒令交 100 万元，十三行行商会所交 134 万元，其他行商交 66 万元。不过致命的一击并不在财产损失上。《南京条约》规定五口通商，打破了十三行一口通商的垄断地位，粤商就此衰亡了。1843 年伍秉鉴的去世标志着一代粤商的结束。

　　不过粤商是衰而未亡。他们在与外商打交道的过程中接受了开放的意识。潘振承曾投资于瑞典的商船，伍秉鉴曾投资于美国、欧洲、印度和新加坡的铁路、房地产等产业。1840 年鸦片战争后一口通商结束，他们看到未来发展的增长点在上海。因此，纷纷把资本转移到上海，伍秉鉴的五儿子伍绍荣就到上海投资。19 世界初上海是广东人投资和移民的中心，当年的上海话就是广东话，上海被称为小广东。广东人是上海的开拓者。希望以后有人能把这一段历史写出来，再现粤商的风采。

看书

革命尚未成功

——《中国改革30年》

30年，弹指一挥间。但这30年的变化却是中国几千年历史上所从未有过的。

一切的变化都集中体现在GDP上。1978年，当邓小平同志提出到20世纪末，国民收入翻两番时，除了孙冶方先生坚决支持外，许多人心存疑虑。但事实比小平同志设想的还要快。过去30年间，年均增长率高达9.7%，GDP不到10年就翻了一番。到2007年，中国的GDP已从1978年的世界第13位上升到第四位。随着GDP的高速增长，中国的一切都发生了翻天覆地的变化。

从这种变化中，我们看到了什么？

从中国历史的角度看，这的确是史无前例的奇迹。不过我更赞同钱颖一教授在《从国际比较看中国经济》中所说的，"中国的经济增长并不特殊",这就是说"中国经济增长的速度,如果从国际比较的角度看,并不是独一无二的,导致它增长的基本因素也并不特殊"。英国、美国、德国早期的经济增长,第二次世界大战后的日本及亚洲"四小龙",都出现过类似的奇迹。更重要的是,这种增长速度所体现的仍然是人类经济发展的共同规律:市场经济之路。尽管走这条路时,我们有自己的特色,但所坚持的仍然是市场经济的共同基本特点。

——

市场经济的基本特点是产权明晰、价格调节和开放。无论你把这三个基本特点称为什么"共识",也无论你在口头上反对还是拥护这些"共识",只要走市场经济之路,就必须自觉或被动地遵循这些基本特点。中国从 1978 年开始改革时,实际上就是沿着市场化的方向,也始终抓住了这几个基本点,这种深层次的制度变迁正是中国变化的根源。

1978 年的改革是从实行家庭联产承包制开始的。这实际上就是产权改革。过去农村实行人民公社制度,产权形式是集体所有。要把这种产权制度一下子变为私有,无论在政治上还是操作性上,都是不可能的。产权包括四种权利,即占有权、使用权、转让权和收益权。承包制是在不改变占有权的情况下,实现个人的使用权和受益权。这种渐进式的产权改革,在阻力很小的情况下,实现了农业生产的飞跃,解决了全国人民的温饱问题。以后又使使用权进一步长期化,并逐渐实现了转让权。虽然至今也没有实现土地的私人所有,但在本质上已经实现了产权明晰。承包制不是一种具体操作方法,而是产权改革的第一步,也是走向市场经济的起点。

产权的改革并没有止步于承包制,允许私人经济发展是更彻底的产权改革。改革前的近二十年，一直是不断地消灭私人经济的，似乎公有化的程度越高，社会越先进。改革之后，放开私人经济，允许个体经营者、私人企业合法存在，就是给私人以完整的产权，包括占有权、使用权、转让权和受益权在内。以后，又从法律上确认了多种所有制、多种经济成分并存，这无疑是一个历史性进步。从完全否认私有制到承认私有制的合法性，对中国经济起到了不可估量的作用，是一次飞跃。今天私人经济已经撑起了中国经济的半边天，而且成为经济中最有活力的一部分。

产权改革最难的是国有企业。在经历了"让权放利"，"承包制"等形式的改革之后，大家都认识到，这些都没有从根本上解决国企的产权问题。于是，从20世纪90年代开始，终于用股份制的方式，对国企进行了产权改革。股份制是现代市场经济各国实现产权明晰最有效的形式。当年的马克思也把股份制称为生产资料社会所有制的最好形式。这种产权改革比农村的承包制和放开私人经济遇到的阻力更大，在实现过程中也困难更多。为了保证国家绝对控股，还把股份分为流通股和非流通股。但最后的股权分置改革使国企的股份制成为产权明晰的股份制。与其他国家相比，我们的股份制经历了更为艰难的历程，但终于达到大体相同的结果。

产权改革的最后是《物权法》的确立。《物权法》标志着我们经过艰难的历程终于实现了市场经济的基本要求：保护产权。我们所看到的往往是 GDP 这类形而上的东西，实际上引起这种结果的是形而下的制度变革。在市场经济所有的制度中，基础还是产权制度。周其仁教授的《重新界定产权之路》，正是以此为中心的。

市场经济的另一种制度是价格调节经济。这就是亚当·斯密所说的"看不见的手"在配置资源中的中心作用。

中国改革前计划经济下的定价制度是政府定价，且保持不变。价格既不能反映资源稀缺的状况，也起不到配置资源、调节经济的作用。所以，经济表现出强烈"短缺"的特征。20世纪30年代计划经济与市场经济的大论战中，米塞斯、哈耶克等人坚决反对计划经济的原因就在于计划经济下没有反映资源稀缺程度的价格体系。计划经济几十年的发展历史证明了米塞斯、哈耶克的预言。因此，市场化的改革必然是放开价格，请回这只"看不见的手"。

中国的价格改革不同于苏东国家。苏东国家采用了激进式改革的方式，价格放开，一步到位。这种做法引起短期极为严重的通胀，使整个经济和社会受到极大冲击。中国从自己的国情出发，采用了渐进式的改革方法。价格放开，从价格双轨制开始，逐渐放开绝大部分商品价格。这个过程需要的时间长一点，而且"双轨制"也引发了少数人利用这个机会从中渔利。但从今天来看，这种价格改革的代价是必须付出的。它保证了改革在稳定的前提下较为顺利地进行。

德国经济繁荣之父、战后的德国总理艾哈德在《来自竞争的繁荣》中，引用两位法国人的记载，说明放开价格（取消政府对价格的管制）之后，"黑市突然消失了。橱窗里摆满了货物；工厂的烟囱突然冒烟了；街道上货车已川流不息。如果经济恢复的情况令人惊奇，那么经济恢复的速度更加惊人。货币改革那天的钟声一响，经济恢复便在经济生活的各个方面开始了。只有亲眼目睹的人才能描写货币改革对陈列货物的数量和品种所产生的突然影响。商品货物一天一天充实起来了，工厂也开工了。货币改革前夕，德国人还在漫无目的地走遍全镇寻找多余的食物。一天之后，他们不再向往什么，只想到生产货物。前一天，人们还没精打采，而第二天，全国都满怀希望地展望未来"。

艾哈德所说的"货币改革"就是以新马克代替旧马克，并放开价格，取消政府对物价的各种管制。中国在放开物价之后也出现了与德国战后类似的情况。短短几年内，短缺奇迹般消除，各种票证，从粮票到购物券，从点心券到工业券，统统消失，成为人们的收藏品，市场繁荣，应有尽有。整个中国经济充满了活力。"看不见的手"的确创造了奇迹。

当今的市场经济是全球化的市场经济，所以，市场经济与开放必定是同步的。在 20 世纪 50 年代，经济学界曾经发生过"出口导向"与"进口替代"之争。前者主张以出口为导向，带动整个经济的发展，其核心是开放。后者主张进口的目的是为了发展自己的经济，最终达到自给，其核心是封闭。以后的事实证明，经济发展快的都是出口导向的国家，而坚持进口替代的一些国家的发展则困难重重。

中国的改革实际上是从开放开始的，可以说，没有开放，就不可能有改革。历史上汉唐的繁荣强大离不开开放，现代化的第一次洋务运动也来自"师夷之长"。改革之前，关起门来总觉得自己的制度是最好的，自己的经济也是最好的，世界上受苦受难的三分之二人都在国外，等待着我们去解放。现在看来，这种想法真不可思议，但在当时的封闭环境之下，连我们这些当年北大的学生也坚信不疑。打开大门才知道，人家的科技进步日新月异，其实受苦受难的是我们自己。这时才会强烈感到有被开除"球籍"的危险，才有了改革的动力。一个古老而封闭的国家，只有打开大门，呼吸到外面世界的新鲜空气，才会有新生。

打开国门也使我们找到了适合自己的发展道路。我们要赶上世界水平，要尽快学习国外先进的技术与管理，要进入世界市场，应该从哪里开始？诺贝尔经济学奖获得者、美国经济学家刘易斯曾经建立了一个劳动供给无限下的经济发展模式。这就是利用劳动成本低廉的优势来走出经济发展的第一步。中国有13亿人口，且劳动力大量闲置，尤其是农村大量劳动力处于"隐蔽失业"状态。发展经济就要利用这种优势。一方面，引进外资，发展加工贸易型企业；另一方面，发展民营企业，由它们发展劳动密集型出口产业。这些年的经济发展在相当大程度上依靠了这两类企业的出口。中国的对外贸易总量，已从1978年的世界第23位，上升到第三位。中国的制成品走向世界，许多产品已占到世界市场的70%左右，甚至更高。过去我们出口是不计成本，为了"换汇"，或"创汇"。如今外汇储备高达两万亿美元，让经济学家和官员颇为头痛。过去，人民币的汇率要靠政府用行政手段来维持，如今我们要想办法防止人民币升值过快。

开放给我们带来了新思想，也带来了经济繁荣。

二

当我们在30年之后，回顾所走过的道路和所取得的成绩时，自然是欢欣鼓舞的。但是，千万不要忘记，我们所取得的并不是最终的成功，而仅仅是阶段性成果。借用孙中山先生的话来总结改革，那就是"革命尚未成功，同志仍须努力"。而且，我觉得，在总结时，看到改革中的问题，找出以后的方向，比歌功颂德更为重要。这也正是《中国改革30年》中，十位经济学家所要讨论的中心。

首先要确定的是我们所要达到的目标。应该说，我们过去把"发展是硬道理"理解为GDP增长大体上并没有错。毕竟GDP是一国综合国力的集中体现，是一切的基础，没有GDP，什么也谈不上。但GDP并不是终极目标，而只是一种手段，或者说一个中间目标，更重要的是用 GDP 来做什么。如果把 GDP 作为一切，为 GDP 而 GDP，GDP 就没有什么意义了，甚至会引起不合意的结果。

一个国家所追求的目标应该是国强民富，即国家的强大与全体人民的富裕，生活水平提高。党中央把下一步的发展目标确定为"和谐"发展，我认为是准确的。"和谐"指在国际上与各国友好相处，但这种友好的前提是国力的强大。一个大而穷的国家，没有国际地位，很难得到别国的尊重，也谈不上与别国和谐相处。在国内，则是人与人之间的和谐以及人与自然的和谐。人与人的和谐，就要求实现社会主义公正的原则。不能仅仅满足于让一部分人或一部分地区"先富起来"，而是要实现各个地区所有人的"共同富裕"。人与自然的和谐则要求节约资源，保护环境，不能以资源的浪费和环境的破坏为代价来增加 GDP。

按这个标准来看，30 年的改革中还有一些需要改进的问题，"革命尚未成功"的含义正在于此。过去的 30 年，许多人错误地把"发展是硬道理"理解为"唯 GDP"，不惜一切代价追求 GDP 的增长。这就忽略了其他问题的解决，也引发了不少新问题。

首先是收入差距的扩大。改革开放前，中国的基尼系数为 0.18，相当平等。但这并不是好事，因为它以平均主义为目标，牺牲了效率。整体经济落后，实现的只是平等的共同贫穷。贫穷不是社会主义的目标。给贡献不同的人以相同的收入实质上是最大的不平等。所以，改革之后强调"效率优先，兼顾公平"，收入分配差距的扩大是一种历史性进步，是对几千年封建社会农民平均主义"不患寡而患不均"思想的突破。这种收入差距的适度扩大的确有力促进了社会生产力的发展。但是收入差距应该保持在一个合理的范围之内，绝不是越大越好。根据国际经验，基尼系数应该维持在0.3—0.4之间，而目前，我们的基尼系数已达到0.496。各地区、各行业、不同的群体之间的收入分配差距的加剧已影响到社会和谐。更重要的是这种不平等并不是完全来自能力与贡献，还有相当一部分是由于制度的原因。厉以宁教授在《城乡二元体制改革中的十个问题》中分析了制度上的二元体制引起的城乡差距问题。茅于轼教授在《从财富创造和财富分配看经济》中指出财富分配的问题"主要是城乡收入差距"，而且进一步指出"收入分配不完全是经济问题"。

其次是传统的增长方式难以持续下去。30年间，增长的动力主要是投资和低成本、低价格的出口。这是一种投入型或数量型的增长，没有实现以技术进步为中心的增长。在经济起步时，采用这种增长方式是可以的，甚至是必要的。但这种增长方式不可能持续下去，到一定时点必然会发生边际效率递减，增长停滞，甚至引起危机。从现实来看，经历了30年投入型增长之后，中国已经到达由劳动力供给无限转变为劳动力短缺的"刘易斯拐点"。如今经济中出现的种种问题，如劳动力成本增加、通胀加剧、出口困难等都是由此所引起的。增长方式转型至今仍未能实现。

最后是环境破坏、污染严重的问题。中国这些年的发展利用了国际上发达国家向发展中国家进行产业转移的机会。这种产业转移，一是把劳动密集型产业转到劳动力工资低的发展中国家，二是把污染严重的产业转到发展中国家。我们在引进劳动密集型产业的同时，也引进了污染型产业。而且，由于劳动密集型和污染型产品出口更容易，我们的产业发展也以这两种产业为主。其实，我们引进与发展哪个产业是可以自主决策的，但当时有点"饥不择食"，就从这两个最容易发展的行业入手。更为严重的是，在开始发展时，许多人只有发展的目标，而没有环保的观念，以 GDP 增长为目标，不惜一切代价，甚至提出了"宁可毒死，也不穷死"的口号。没有有力的监管，企业也只想赚钱，而不关心环保。这就造成这些年环境破坏严重，水源、空气等受到严重污染。触目惊心的污染例子比比皆是。天不再蓝，空气不再清新，水也不再洁净。人与自然的关系在不少地方尤为紧张，自然灾害频发。尽管现在我们已认识到这一问题，也采取了许多措施，但"还我蓝天白云"仍然有待时日。

看到 30 年改革的成绩是重要的，但更重要的是找出问题。如果不解决这些问题，有再大的成绩也只能是昙花一现。

三

30 年改革仅仅是迈出了经济转型的第一步，尽管这是关键的一步，但以后的路还很长。下一步应该向哪里去？我们要解决的问题，要做的事情太多了，不过关键还在于两个转型，即市场化转型和增长方式转型。

市场化转型之所以重要就在于我们现在还不是市场经济，充其量是政府主导的市场经济，政府在资源配置中仍然起着至关重要的作用。向市场化转型并不容易。

向市场化转型的阻力首先来自计划经济的观念根深蒂固，尤其是在各级决策者的头脑中。所以，一看到市场改革中的问题就想走回头路，甚至回到计划经济和阶级斗争时代。尽管这些"复辟派"的市场在不断缩小，但仍有顽强的生命力，而且一次一次顽固地表现出来，给市场化改革打"横炮"。市场化改革的阻力还来自我们改革的方式——渐进式。渐进式改革从最容易的地方入手，越改下去越难。而且，在渐进式改革的过程中也形成了不同的利益集团。这些利益集团从已有的改革中获得了利益，担心改革深入下去会损害他们的利益，就由改革的推动者变为改革的挡道者。渐进式改革可以在保持政治经济大体稳定之下使改革较为顺利地进行，但也使改革越往前越艰难，甚至有可能中断。尤其是在改革的问题比较突出，而且得不到及时纠正时，这种反对市场化的声音甚至会得到比较多的民众支持。这样就会使各级决策者更难下决心。

张维迎教授在本书的序言《理解中国经济改革》中指出了市场化深入的艰难性。他说："在改革开放已经进行了30年之久的今天，社会上出现的一些舆论，政府出台的一些政策，却与这种转变背道而驰；人们对价格机制的信赖不是继续提高，而是在下降，各种形式的价格干预在民意的支持下频频出台；政府对社会资源的掌握不是在减少，而是在增加；企业的经营环境与创业条件不是在改善，而是在恶化；企业用工越来越不自由，新式'铁饭碗'重新成为社会就业的导向；地方政府的制度创新不是受到鼓励，而是受到指责，媒体和舆论把大多数经济问题的根源都归咎于他们；对外开放政策受到质疑，民粹主义和狭隘民族主义的言论越来越有市场，有些政府部门也在收紧已开放的大门……这些迹象表明，中国市场化改革的前景并不乐观，改革任重道远。"我之所以摘录这么长一段话是因为它说明了"革命尚未成功"的原因，也说明了未来的市场化比过去的市场化要艰难得多。对这一点，我们必须有充分的认识。

市场化改革要做的事也很多，但目前最主要的还是抓三件事。第一，让国企成为真正的企业。早在30年前，小平同志就提出改革要实现"政企分开"。30年过去了，政企仍然没分开，政府仍然牢牢地直接控制着国企，计划经济下政府对国企的"父爱主义"不仅没有淡化，反而更浓了。深化市场化改革必须从仍然控制着国民经济命脉的国企开始。实现这一点的关键还不在于国企的私有化或MBA，而在于对已实现股份制的国企建立有效的公司治理结构。这就是说，政府不要直接管国企，要把权力交给国企的董事会，由董事会完全独立地决定公司所有重大决策，包括高层人事任免、战略、兼并重组，重大投资决策等等。政府控股的国企，政府可以通过代表政府股份的董事在董事会上发表自己的意见，但最终决策要由包括独立董事在内的整个董事会作出。国外的国企，如新加坡的淡马锡集团和瑞士的劳力士集团，之所以成功正在于利用了这种决策模式。

第二，放开价格，当前尤其是放开石油、电力等重要资源和生产要素的价格。放开价格并不是简单涨价，而是形成一套符合市场经济原则的价格形成机制。这种价格可以随供求关系的变动而变动，正常情况下无需政府有意去干预。价格这一关是必须闯过去的。渐进式价格改革，缓慢放开价格有利于经济稳定，但不能改到难改时就停下来。价格闯关无论在短期中对经济有多大不利影响，也必须闯。只有当价格由供求关系决定时，价格才能起到"看不见的手"的作用。政府要把对价格的干预减少到最低，只有在特殊时期（如战争或自然灾害）才能干预，而且最好不是直接干预价格，而是对消费者或生产者进行直接补贴。市场经济是由价格调节的经济，把价格这只手绑起来了，谁来调节经济呢？

第三，放开金融。放开金融包含的内容很多，我想强调的是让私人资金成立银行。尽管现在允许私人的贷款公司存在，但限制仍然太多，如单笔贷款额不得超过50万，不许吸收存款，利率上限亦有限制等。这样限来限去，它的存在本身的意义就不大了。对于开放民间金融不能总是怕这怕那。其实民间金融早就以地下金融的形式存在，不让它们获得合法地位，也无法进行监管。它们在起到积极作用的同时，也做了许多不好的事，如洗黑钱等。让它们合法化，为中小企业融资起到不可替代的作用，同时限制它们的非法行为，有什么不好呢？大禹治水是引导，对地下金融也应该引导。

另一种转型是增长方式转型。我们早就认识到这种转型的重要性，讲了许多话，发了许多文件，但为什么仍停留在口头上呢？增长方式转型要以市场化转型为前提，没有市场化转型就不会有增长方式转型。20 世纪 50 年代初，苏联经济学界就讨论过内涵式增长与外延式增长问题。内涵式和外延式是苏联人起的名字。内涵式指的就是以技术进步、生产率提高为中心的增长方式；外延式指的就是以增加投入为中心的增长方式。而且，一致认识到要走内涵式的增长道路。但直至苏联解体，它们也没有实现这种愿望。究其原因还在于计划经济体制。现在我们的市场经济转型并没有完成，大型国企仍由政府直接控制，实行"父爱主义"，企业领导都是一定级别的行政官员，它有什么动力进行技术创新呢？民营企业仍要受到正规与非正规的限制，规模做不大，有什么能力进行技术创新呢？企业不转型，政府再着急又有什么用？

增长方式的转型首先不是一个科学与技术问题，而是一个制度问题。工业革命没有发生在极为富有的西班牙和葡萄牙而发生在英国，就在于西班牙和葡萄牙仅仅是海外抢了钱致富的暴发户，而英国却建立了完善的产权制度，尤其是有了保护技术创新者可以从创新中获利的专利法。我们至今没有实现增长方式转型问题也不在于我们缺钱，或者科学、人才落后，而在于缺少激励创新的制度。当年洋务运动的首领们也知道要"师夷之长"，但仅把"夷之长"理解为船坚炮利，以及造船造炮的技术，却没有看到这种技术背后的制度。

所以，洋务运动失败了。今天我们离开市场经济制度而大谈技术创新和增长方式的转变，就没有任何意义。吴敬琏教授在《中国经济的高速成长怎样才能够持续》中把"坚定不移地推进改革开放"，即市场化改革，作为保持中国高速增长的基础，在《增长模式与技术进步》中论述了增长方式转移问题，涉及对这一问题的理论论述和政策建议。

实现两个转型的根本保证还是法治。老一代经济学家吴敬琏教授和法学家江平教授一直都在为法治而呐喊。实现市场化转型的关键在政府，因为我们的改革自始至现在都是自下而上，由政府推动的。所以，温家宝总理多次强调，改革的中心是政府职能的转变。那么，政府职能转变的关键又是什么？依法治国。中国几千年来一直是人治国家，老百姓盼望的是"明君贤相"，官员也以"父母官"自居。要在短期内改变这种传统太难了。这30年，中国的法制建设和依法治国也有了巨大进步。但这仅仅是开始，要真正实现法治，还要走很长、很艰难的路。

钱颖一教授在《市场与法治》中强调了法治的重要作用之一就是"约束政府，约束的是政府对经济活动的任意干预"。政府依法治国就应该"依照法律发挥其支持和增进市场的作用"。应该看到，我们经常说市场经济有好坏之分，好的市场经济就是法治的市场经济，它可以保证共同富裕，社会和谐；坏的市场经济又称权贵资本主义，是少数人通过市场以权谋私利的经济，其结果是社会充满了纷争，两极分化。我们要以好的市场经济为目标，这才是市场化的真正含义，就必须靠法治。同时，我们把一系列制度作为增长方式转型、技术创新的基础，这也要靠法治来保证。

《中国改革30年》是十位中国最有影响的经济学家在

"北大光华新年论坛"上总结30年改革时的发言和相关文章的集子。我读了之后颇受启发，遂写成此文。希望每一个关心中国下一步改革的人，都读读这本书。也许你们读过后想的比我还多、还深刻。

克鲁格曼其人其书

金秋十月，保罗·克鲁格曼（Paul Krugman）获得了 2008 年诺贝尔经济学奖。以往，有些获奖者尽管在学术圈内，地位很高，许多人都是某一领域的开拓者，但在公众中还是默默无闻。然而，克鲁格曼不同，他不仅在学术圈内声望甚高，而且在公众中也颇负盛名。他从 1999 年起为《纽约时报》撰写专栏文章，且有二十多本普及性经济学著作出版。他对各种经济问题的点评，尤其是其大胆尖刻的观点和与众不同又往往正确的预见，引起了广泛注意。在华尔街风暴席卷全球之时，他对小布什政府的批评和对这场金融危机的点评，又成为媒体的焦点。在这篇文章中，我们就通过他的一些著作来认识他这个人和他的思想。

当然，克鲁格曼的获奖不是由于他的时评而是他对新国际贸易理论的贡献。诺奖委员会指出，授予他诺奖是由于他对"贸易模式和经济活动发生区域"的开创性研究。"自由贸易和全球化带来的影响是什么，全球城市化背后的驱动力又是什么？保罗·克鲁格曼创造的理论恰好回答了这些问题。他将国际贸易学和经济地理学这两个此前没有联系的研究领域进行整合并加以研究"。

说起他以新国际贸易理论成名，还有一段故事。1978年，25 岁的克鲁格曼是耶鲁大学的学生。当时他桀骜不驯，言辞尖刻，得罪了不少人，甚至连研究生的奖学金也丢掉了。他去探访著名的经济学家多恩布什，多恩布什的鼓励使他找回了自信，于是写了一篇有关垄断竞争贸易理论模型的论文。他把这篇论文提交给国民经济研究局的暑假研讨会。参加这次研讨会的都是经济学界的"大腕"，人们并没有在意这个名不见经传的小伙子。他宣读论文时，大家交头接耳，各说各的。渐渐地，大厅安静下来，人们开始专心倾听他的论文。这些"大腕"们被他的观点所震撼，于是他一夜成名。他后来回忆说："那是我生命中最美好的 90 分钟。"这篇论文以《规模报酬递增、垄断竞争和国际贸易》为题于 1979 年发表于荷兰的《国际经济学杂志》。

克鲁格曼围绕新国际贸易理写的书有《克鲁格曼国际贸易新理论》（英文版原名 Rethinking International Trade，中文本改译此名，中国社会科学出版社 2001 年版），他还主编了一本《战略性贸易政策与新国际经济学》（中国人民大学出版社 2000 年版），收入了包括他在内的 12 位经济学家关于这一问题的论述。他与茅瑞斯·奥伯斯法尔德合著了当今最流行的国际经济学教科书《国际经济学》（中国人民大学出版社 1998 年第 4 版），也是介绍这种理论的。在国际经济学方面，他还出版了《汇率的不稳定性》（中国人民大学出版社 2000 年版）。

国际贸易理论要解决四个问题：国际贸易为什么会产生？国际分工模式由什么决定？保护本国市场有什么作用，以及什么是最佳贸易政策？传统的国际贸易理论是李嘉图的比较成本说和赫克歇尔－俄林的要素禀赋说。比较成本说解释了国际贸易对双方的好处，要素禀赋说解释了国际分工如何取决于各国的禀赋优势。他们的政策主张都是完全的自由贸易。然而，在 20 世纪 60 年代之后，这些理论受到了挑战，因为现实中大量交易的是同一个行业的制成品。例如，按照赫克歇尔－俄林的理论，美国有资本优势，应该生产并出口资本密集型产品，中国有劳动力优势，应该生产并出口劳动密集型产品。但在现实中，美国既出口资本密集型产品，也出口劳动密集型产品，中国也这样。而且，这种现象极为普遍，例如，美国、西欧和日本都生产并出口汽车。现实中贸易模式的变化要求与之适应的新理论。

　　克鲁格曼引进了规模收益递增、规模经济以及垄断竞争这些概念来建立他的新国际贸易理论。1977 年，美国经济学家迪克西特和斯蒂格利茨在《美国经济评论》上发表了题为《垄断竞争和最优产品多样化》的论文，建立了一个规模经济和差异化消费两难选择的模型。这个模型表明，生产中存在无止境的规模经济，而消费者有多样化的差异偏好。对生产者来说，产品的品种越少越好；对消费者来说，产品的品种越多越好。这就是一种"两难困境"。市场竞争对此进行权衡，达到一种均衡。而解决的方法则是扩大市场规模。这个模式为新国际贸易模式指明了方向。克鲁格曼在此基础上证明了，即使不存在比较优势，各国要素禀赋相似，仍然可以产生国际贸易，而且给各国都带来好处。他指出，"贸易并不一定是国家之间技术或要素禀赋差别的必然结果，相反，贸易很可能只是扩大的市场及促进规模经济出现的一种途径，而且贸易的作用与劳动力增长和地区集聚的作用是相似的"。

克鲁格曼沿着这一思路进行研究。1980 年,他的论文《规模经济、产品差异和贸易模式》引入了运输成本的概念。他把运输产品看做是"冰山",每一单位运往外地的产品都只有一部分到达目的地,其余的作为运输成本消耗在途中。这样,企业就更乐于选择在市场规模最大的区域开展经营活动。所以,规模经济和运输成本引起了国际贸易。1983 年,克鲁格曼发表了《工业化国家间贸易的新理论》,将规模经济与比较优势相结合来分析产业内贸易,并论述了有助于说明知识密集型产业国际竞争态势的技术竞争理论。这些论述都体现在他的《克鲁格曼国际贸易新理论》一书中。

这种新国际贸易理论证明了国际贸易对各国的好处,这就推动了全球经济一体化。他特别强调,各国不必根据自己的比较成本或资源优势来确定国际贸易模式,完全可以在垄断竞争的全球市场上走差异化之路,通过实现规模经济来建立自己的比较优势。各国可以不受资源限制地建立自己的战略性出口行业,以差异化战略在自由贸易中获益。政府可以有意识地引导与扶植本国的战略性出口行业。

在新国际贸易理论的基础上,克鲁格曼又研究了经济地理,并将这两者融为一体。他的研究成果集中在《地理和贸易》(中国人民大学出版社 2000 年版)和《发展、地理学与经济理论》(中国人民大学出版社 2000 年版)中。

克鲁格曼在 1991 年发表的《报酬递增和经济地理》中建立了一个"中心-外围"模型。这个模型成为新经济地理学的基石。这个中心-外围模型不同于阿根廷经济学家劳尔·普雷维什在 1949 年提出的用一名称的模型。克鲁格曼的中心-外围模型,分析的是一个只有农业和制造业两个部门的经济。假设条件有三个:第一,农业是完全竞争的、生产同质产品，而制造业是垄断竞争的、生产差异化产品；第二，农业中的劳动力要素不可流动，而制造业中的劳动力可以流动；第三，农产品无运输成本，而制造业有被称为"冰山成本"的运输成本。在制造业要满足产品差异化种类多、规模经济和运输成本的条件下，就会形成制造业中心和农业外围的格局。这就可以解释为什么两个初始条件完全相同的对称地区中，一个地区可以通过自我强化的循环累积实现集聚，并成为相对发达的中心地区，而另一个则成为相对落后的外围地区。在中心区的形成中起决定作用的是前向关联、后向关联和市场挤出三种效应。前两种效应产生向心力，后一种效应产生抑制集聚的背心力。前两种效应大于后一种效应时经济活动向中心区集聚。后一种效应决定了集聚的程度。新的国际贸易模式强调了这种向中心集聚，把外部经济及区域产业集聚和国际贸易联系在一起，对区域经济作出了新的解释。克鲁格曼还把这种理论运用于发展经济学的研究。

作为一名专业理论工作者，克鲁格曼以新国际贸易理论和经济地理的新理论著称，而在公众中的名声则来自他对现实问题的精辟点评，尤其是许多大胆而又被证明为正确的预言。

1994 年，克鲁格曼在美国著名的《外交》杂志上发表了一篇题为《亚洲奇迹的神话》的文章。当时亚洲经济发展迅速，有人甚至声称，21 世纪是"亚洲的世纪"，亚洲也颇以此沾沾自喜。然而，克鲁格曼语出惊人。他认为，亚洲的繁荣来自于劳动和资本的增加，并不是技术进步、生产率提高的结果，换言之，属于投入型增长而不是技术进步型增长。这种经济增长在短期内可以创造奇迹，但它"建立在浮沙之上"，是一只"纸老虎"，迟早会破灭。他预言在以后 3—4 年内，亚洲会出现一场危机。此论一出，举世哗然，尤其是亚洲的政要和学者把这种观点上升到政治高度，纷纷口诛笔伐。不幸的是，1997 年亚洲真的发生了影响颇大的金融危机和经济危机。克鲁格曼由此获得了极高的世界性声誉。

这篇文章收入他的《流行的国际主义》（中国人民大学出版社 2000 年版）中。这仅仅是他众多著作中的一本。就我见到的、国内出版的除了此书外，还有《萧条经济学的回归》（中国人民大学出版社 1998 年版）、《预期消退的年代》（中国经济出版社 2000 年版）、《兜售繁荣》（四川人民出版社 1999 年版）、《美国怎么了？一个自由主义者的良知》（中信出版社 2008 年版）。此外，我手头还有台湾翻译出版的《模糊的数学》（台北时报文化 2002 年版）和一本英文原版的《二流的理论家》（W. W. Norton & Company，1999 年）。这些书都是他的文集，包括了他对许多事情的评论。

在读这些著作和文章时应该先弄清楚克鲁格曼的思想倾向。按克鲁格曼自己的说法和媒体的评论，他是一个自由主义经济学家。但是，这里所说的自由主义，决非我们所说的主张自由放任，反对国家干预的以弗里德曼为代表的货币主义、供给学派以及卢卡斯、萨金特所代表的理性预期学派，还有近年来获诺奖的普雷斯科特等人代表的自由主义，而是由新凯恩斯主义代表的认为市场经济并不完善，需要国家干预的思潮。在美国，前一种自由主义被称为新自由主义，其在政治上的代表被称为保守派，即以里根、小布什为代表的共和党，而后一种自由主义，成为新凯恩斯主义，在美国被称为自由派，民主党和奥巴马属于这一派。克鲁格曼的思想倾向是由民主党代表的自由派，而且与共和党代表的保守派相对抗。他正是从这种自由派的立场出发来评论各种问题的。

克鲁格曼认为，市场并不完善，因此，政府干预是必要的。他说："市场有时会失灵。使经济学家以及所有人明白这一点的，是大萧条的惨痛经历。在第二次世界大战结束后不久，由于人们对大萧条的经历依然记忆犹新，经济学家大都认为，只有政府大范围地介入，经济才能维持正轨。主流经济学家拒斥实施计划经济的主张，但他们确实认可，为了对抗衰退，政府有干预的必要。"对于以弗里德曼为代表的自由主义，克鲁格曼是坚决反对的。他说："到60年代早期，弗里德曼几乎完全转回了自由市场原教旨主义，宣称就连大萧条的原因也不是市场失灵，而是政府失灵。他的论证左支右绌，而且在我看来有违背学术真诚之嫌。但一位伟大的经济学家也不由自主地变起知识戏法一事，本身就显示了自由市场原教旨主义的强大诱惑。"他的经济评论和预言都从这种基本立场出发。《萧条经济学的回归》就是凯恩斯主义经济学的回归。

由次贷危机引起的华尔街风暴又一次让我们把目光转向克鲁格曼。早在2006年6月，克鲁格曼就在一篇文章中预言，由于房地产价格暴涨，投机需求出现逆转，这就会使未售的房产增加，从而引起不可逆转的严重衰退。2006年底，他预言："我们要经历一次真正的衰退，2007年将是十分严峻的一年。"如今这场危机真的来临了。那么，这场危机的根源是什么呢？他在2007年出版的著作《美国怎么了？——一个自由主义者的良知》中分析了这一问题。在这本书中，克鲁格曼认为，战后30年是美国最好的时期。这是一个中产阶级为主体的时代，贫富差距小，几乎所有美国人都享受到了经济增长和社会进步带来的好处。但20世纪80年代之后，美国的贫富差距扩大，绝大多数居民不满现状。这种变化是政策变化的结果。前三十年的和谐是自30年代罗斯福新政以来的国家干预造成的。这种政策从两头来缩小贫富差距。一方面加重对富人的税收，另一方面扩大就业，增加居民收入，提供完善的社会保障。而 80 年代之后，政府为刺激经济，给富人减税，打击代表工人的工会，放任市场调节，这样的技术进步只能使少数人受惠。社会越来越不和谐。这次金融危机就是盲目相信市场，使富人的贪婪失去约束，从而进行无约束的"金融创新"引起的。对于小布什的政府救市计划，他也并不看好。他在一篇专栏文章中把政府救市看做金钱换垃圾，文章也以此为题。他在文中写道："保尔森的救市计划呼吁联邦政府买入 7000 亿美元问题资产，主要是抵押支持债券。这又能怎样化解危机？除非联邦政府为它所购买的资产支付远高于市值的价格，让金融机构及其股东和高级管理人员捡个大便宜，而由纳税人承担代价，否则，金融体系仍会因为资本短缺而陷入瘫痪。"

克鲁格曼 1953 年出生于美国长岛，这是美国的富人区。他的家庭是犹太裔中产阶级。他就读于耶鲁大学，获得麻省理工学院博士学位，一直在普林斯顿大学担任经济学和国际事务教授，1982—1983 年曾担任白宫经济顾问。1991 年获得过克拉克奖。他有个性，敢说话，在美国无人不知，不过据他的学生回忆，他也是一个知错就改的人，并不固执己见。有个性而不固执，应该是令人敬仰的品质。

经济增长与企业家本位

——《好的资本主义，坏的资本主义》

经济增长一直是经济学的热门话题。亚当·斯密的《国富论》探讨国民财富如何增加就是以经济增长为主题的。斯密认为直接引起国民财富增加的原因是分工与贸易，进而论证了"看不见的手"，即市场机制是增长的制度框架。以后的经济学家分析了劳动、资本、自然资源和技术进步在增长中的作用，但有许多国家，这些因素都具备了，经济增长却没有实现。诺斯则回到斯密，把增长对市场机制的依赖总结为"路径依赖"，近年来经济学家又把这种认识归结为"华盛顿共识"。

不过这些经济学家难免只见物，不见人。无论是劳动、资本、自然资源，还是技术，都是"死的"，要由人把它们组织起来，它们才能"活"起来，正如演员、剧本、舞台，

215

看书

要由导演组织起来一样。经济中的这个导演就是企业家。熊彼特早就注意到企业家的创新才是经济的动力，才是增长的灵魂。但是市场经济的形态并不一样，哪一种才最有利于企业家对经济增长起到最大的作用呢？美国经济学家威廉·鲍莫尔、罗伯特·利坦和卡尔·施拉姆的《好的资本主义，坏的资本主义》探讨了这一问题。

有些朋友一听资本主义还有"好""坏"之说，岂不吓一大跳？其实经过三十年的改革，我们许多人对资本主义已没有什么恐惧之感。西方经济学家在用这个词时也没有什么意识形态的含义，就是指与计划经济不同的市场经济。我们习惯说市场经济，他们习惯说资本主义，如此而已。

资本主义绝不是只有一种形态。各个国家的资本主义，"经济的组织，政府的经济职能以及各种其他要素都是非常不同的。有些资本主义经济非常社会化，而另一些有更多的管制"。"把所有形态的资本主义都简单化为一种单一类型是根本不行的。"在讲到增长时，"一个国家采取什么形态的资本主义，对其增长的表现有深刻的影响"。

作者把不同国家的资本主义经济分为四个类别：第一种，国家导向型的资本主义；第二种，寡头型资本主义；第三种，大企业型资本主义；第四种，企业家型资本主义。

这四种形态的资本主义仅仅在保护私人产权，即产权明晰这一点上是共同的，但它们在经济增长、创新和企业家活动等方面的机制都极为不同，所以增长的业绩也不同。任何一个国家都不是纯粹的一种资本主义形态，而是不同类型的不同混合。这本书就要比较这四种不同的形态，并说明哪种混合最有利于经济的增长。

国家导向型的资本主义，仍然是市场经济，产品和劳务以及劳动的价格仍然由市场机制决定，政府保护私人产权，仍然有私人企业存在，但其基本特征是政府决定哪些行业或企业应当增长，并以政府的力量给予支持。政府用各种手段，如直接控制国有企业或其他政策，决定资源配置，并把这种方针作为促进经济增长的最佳方式。东南亚国家采取的主要是这种形态。这种形态以国家的力量促进经济增长也的确取得了巨大的成绩，增长率可以很高，而且，可以维持相当长时间，东南亚的增长奇迹已经证明了这一点。

但这种形态的缺点比优点还要多。一是以增长为目标，又有国家的支持，这就会引起过度投资，出现泡沫，使增长停滞。韩国和日本都出现了这种现象。二是政府可能挑选了错误的赢家和输家。政府并不是万能的、英明的，由政府去选择赢家（支持发展的行业和企业）和输家（淘汰的行业和企业）并不一定正确，马来西亚、新加坡都出现过这种情况。三是极易出现腐败，导致寻租现象严重，尤其在民主化进程滞后时，这种情况更普遍。政府决定实际上是官员决定，企业用寻租的方法得到政府的支持就是成本最低的方法。四是"拔掉插头"和重新配置政府资源的困难。这就是企业重组与资源重新配置将遇到既得利益集团巨大的阻力。一旦采用了这种形态就会认为"国家导向将永远管用"，难以转变，从而使经济增长到一定水平时会发生各种问题。

寡头型的资本主义是政府并不直接控制经济，但它支持少数富人控制经济（我们也称之为"裙带资本主义"）。这种形态在世界上也不少，拉美、俄罗斯、中东和非洲都采用之。在这种形态中，增长是不平等而缓慢的。这就是说，它增长缓慢，而收入分配又极为不平等。作者引用了拉美14个国家的基尼系数，都在0.5—0.6之间。其次是在这种形态中，非正规的活动严重、腐败严重，这些经济能维持下去，主要是借助于政治的强权（拉美）和自然资源丰富（中东）。这种形态增长的结果是少数人越来越富，而大多数人处于贫困之中。

大企业型的资本主义是由大企业主宰经济的体制，欧洲、日本、韩国和美国都是这种类型的资本主义。这种经济中市场高度集中，具有垄断性，但不利于消费者，也会失去创新的动力。但这些企业有创新的能力，而且，可以实现规模经济，也具有竞争力，尤其在经济全球化的格局下，在世界市场上更具竞争力。

最后是企业家型资本主义。这种经济最具竞争性，不断有新企业产生和旧企业退出，竞争迫使企业家不断进行突破性创新。

作者强调了经济增长的核心因素是技术进步，或者说是企业家的创新。因此，国家导向型的资本主义和寡头型资本主义都不能最有效地实现增长。最有利于经济增长的应该是"企业家型和大企业型资本主义的某种混合"。在这种经济中，既有促进创新的竞争，又有具备创新能力的大企业。都是大企业控制，甚至成为与政府勾结的寡头，这些大企业必然缺乏创新的动力。但都是中小企业，则缺乏创新的能力，而且规模经济也必然在竞争的过程中形成大企业。让大企业在创新中起主导作用，又让它们面临市场竞争，这就是企业家型与大企业型资本主义某种混合的优势，就是最理想的增长路径。世界上成功的经济都是这种类型，或者接近于这种类型，如欧美各国的经济。

在这种类型的经济中如何才能有利于企业家的创新，促进经济增长呢？作者指出，促进增长有四个条件，这些条件要通过制度来实现。第一是易于创办和发展企业。包括降低

"正式手续"的成本,如企业和资产的注册成本,雇用和解雇员工的便利;建立可实施的破产制度;完善金融制度,保证企业所需资金的可获得性。第二,保证企业家活动的回报,如法治、财产和合同的权利;避免过度征税,适当的监管,或管制过多时减少不必要的监管;奖励新创意;政府支持研发;将发明商业化的专利制度;对模仿的奖励。第三,制止非生产性活动。非生产性活动这里主要是指寻租或行贿等腐败活动,制止这类活动主要是消除这类活动的基础——政府的腐败。第四,保持赢者的势头,作者称此为"红色女王游戏",即在成功之后仍不断投资与努力,争取下一个目标。在这个问题上要克服对反垄断法的迷信,并坚持欢迎贸易和投资,取消贸易保护主义。

以上的四个条件都是直接针对企业的制度,但实现增长还需要更广泛的社会环境,这就包括一套有利于促进增长的文化,尤其是"企业家文化"(我们习惯称之为"企业文化"),以及教育水平的提高,稳定的宏观经济和政治上的民主。政府所应该做的正是为企业家的创新和增长创造这些条件。

作者进一步用发展中国家的落后和发达国家的停滞说明了这些条件的重要性。许多发展中国家尽管有丰富的自然资源和劳动力,也不缺乏资本和技术,但仍然没有发展起来,根本原因在于对国家导向的迷信,即选择了国家导向型资本主义,或者寡头型资本主义,企业家的创新精神没有得到发挥,甚至受到压抑。作者提出的建议是摆脱国家导向,包括减少创办企业的障碍,使法律体系规范化;改善资本的可获得性;发展教育事业。欧洲和日本的停滞则在于企业家精神的衰落和转向大企业型资本主义,当大企业型资本主义不与企业家型资本主义结合时就会成为寡头

看书

型资本主义。欧洲的停滞被称为"硬化症",主要原因在于高税负与高福利支出,不利于激励企业家的创新。而且,欧洲和日本的文化都明显敌视收入不均。企业家创新得不到回报就使创新失去了动力。

我之所以详细介绍了这本书的基本观点,是因为这些观点对中国经济增长是有意义的。经历了三十年的高速增长之后,我们的经济遇到了严重的困难。现在不仅要找出应急之策,而且要思考以后的长期发展问题。

目前,中国的经济体制是政府主导型的市场经济。如果不考虑意识形态的因素,便与国家导向型资本主义的基本特征相同。应该说,在从计划经济转向市场经济的过程中有这么一个过渡性的政府主导的市场经济是必要的,是渐进式转型必然经历的一个阶段。它有助于社会经济在大体稳定的前提下完成转型,也借助于国家的力量改变了过去一穷二白的状况,实现了高速增长。问题是,我们能否把这种体制作为最终的目标。在这种体制下,增长主要靠的是国家的力量,是投入的增加,而不是企业家的创新,不是技术进步。政府早就提出了增长方式的转型,但至今这一目标仍未实现。这次经济困难的根本原因还不在于美国的金融危机,而在于我们这种国家主导下的数量型增长已经走到头,而技术进步型增长仍未实现。阻碍增长方式转型的正是这种国家主导的经济体制。作者所指出的国家导向型资本主义的种种弊病,如资源的消耗、环境污染、社会矛盾激化、腐败等问题,我们全有。书中谈到这些问题时,也多次以中国的问题为例。

国家导向型最大的问题还在于对企业家创新的抑制。中国的政府主导型市场经济的一个显著特点是政府直接控制国有企业,并通过国企控制整个经济。这些国企又是大寡头。

应该明确的一点是，国企的领导绝不是企业家。他们都是有一定行政级别的国家公务员，特大型国企的领导人都是货真价实的副部级官员。作为官员，他们的任务就不是创新，而是完成好上级的任务，他们的主要工作也不是企业创新，而是政治与社会活动。国企改革现在的重点还不是产权，而是如何让国企成为市场经济的主体，成为竞争性企业。但是，在政府主导之下，这种改革十分艰难。三十年中国的改革史也证明了这一点。

企业家的创新精神还体现在民营企业身上，这也是全世界的现实。应该说改革三十年以来，民营企业从无到有，现在已撑起了国民经济的半边天。保护私人产权的《物权法》业已通过，许多民营企业家成为各级人大代表或政协委员，表明私人企业家的地位也有了极大提高。但在政府主导的市场经济体制下，民企的发展仍然受到许多限制。有些还相当严重，因为这种体制的本质性特征是坚持国家对经济的绝对控制，民企实际上处于补充的地位。最明显的例子就是国务院促进民营经济"36 条"中许多规定至今仍然是一纸空文。而且，在某些地方的调整经济结构中出现了"国进民退"的现象。在我们的经济体制中，总认为民营经济是"不得不"允许其存在，并不认为是"必须"作为主体，对民营的放松是一步一步被逼出来的，而不是政府主动去推动。因为民营企业的扩大总会妨碍国有经济的主体地位。这次经济困难中民营企业受冲击最大，而 4 万亿支出对它们的帮助最小就说明了这一点。

中国建立社会主义市场经济，其实质仍然是市场经济。这种市场经济最终不能是政府主导的，而应该是企业家型和大企业型的混合。在这种经济中让企业家成为主体，即实现已故著名经济学家蒋一韦先生所说的"企业家本位"，才会有前途。政府不是控制经济，而是为企业家创新创造必要的条件，中国经济才会有持久的繁荣和强盛。读《好的资本主义，坏的资本主义》，总结三十年改革的成就与不足，深感洋人之言启迪之处颇多。

权力经济与资本主义不相容

——《中国经济史》

法国年鉴学派的历史学家费尔南·布罗代尔（Fernand Braudel, 1902—1985）研究资本主义诞生的历史。他的结论是，资本主义是欧洲特殊历史和制度环境的产物，并不是每一种文明都可以自发地形成的。为了证明他的观点，他特意举出中国商品经济没有发展为资本主义的例子。

布罗代尔关心的例子，也是长期困扰中国学者的一个问题：中国曾经拥有相当发达的商品经济，商品经济是资本主义的萌芽，为什么这个萌芽没有长成参天大树？有学者认为，是帝国主义的入侵打断了中国历史的正常进行，摧毁了中国的资本主义萌芽。换言之，如果没有1840年鸦片战争之后外国帝国主义的入侵，中国也会进入资本主义。这种观点的提出者曾经是权威，但现在怀疑这种中国商品经济的历史相当悠久而发达。但是否所有商品经济都是资本主义的萌芽就值得商榷了。中国的商品经济早在战国时代就已经相当发达，经济史学家侯家驹教授甚至把这一时期称为"重商主义"时代，到鸦片战争之前"萌芽"了近两千年了，怎么还没成"树"（更别说"参天"了）？就从公认的明代中期资本主义萌芽开始，也有几百年了，怎么还是"萌芽"？马克思早就指出，是鸦片战争打开了中国的大门。在古老中华的大门打开之前，中国是有商品经济而无资本主义"萌芽"。是外国的大炮给中国送来资本主义的种子，中国才有了资本主义萌芽。不过遗憾的是，这个萌芽始终也没有成长为参天大树。其原因则是中国这块土地上的环境不适于资本主义成长。

中国这块土地为什么不适于资本主义萌芽、成长呢？布罗代尔把市场分成两类：包括集市、店铺和小贩在内的低级市场和包括交易会和交易所在内的高级市场，产生资本主义的只能是后一类高级市场。中国的商品经济无论多发达，仍然属于低级市场，布罗代尔称之为"毛细血管"的低狭层面，而高级市场的"动脉和静脉"始终缺位。造成这种局面的原因在于，其一，缺乏基本的法律保障而使工商业者没有安全的地位；其二，权力体制始终强制性地将国民的经济活动压制在这种低级层面，不允许它略有向高层境界升华的可能。

布罗代尔对中国没有产生资本主义制度的解释尽管颇有见地，也相当有启发，但他毕竟不专门研究中国经济史。要从更深层次上认识资本主义在中国的缺失，还要读一点系统的中国经济史。最近读了台湾学者侯家驹先生的《中国经济史》，对中国不适于资本主义这个问题，才有了一点头绪。侯先生写的《中国经济史》和我读过的大陆学者写的同类著作有很大差别。最大的差别在于，他是以经济学家的身份来写历史，而不是以史学家的身份来写历史。这样，他在结构安排、材料选取和分析立意上都有自己的特点，使我们了解以经济为主线的历史，而不是只作为历史一部分的经济。

侯先生在《中国经济史》中关注到中国未产生资本主义的问题。他指出："资本主义在中国初次萌芽，却因汉武帝的抑商措施与盐铁酒收归国营而告夭折，使中国经济停滞约两千年或其成长受到限制，其中虽于南宋及明代中叶再次萌芽，但均不旋踵而灭，其所以如此，是因政治制度决定经济制度，而非经济制度影响政治制度。"（《中国经济史》上册，第33页）侯先生这里所说的资本主义萌芽是指商品经济的发展，这种商品经济是否能称为资本主义的萌芽尚可讨论，但他指出这种"萌芽"受到政治制度的扼杀却是千真万确的。换言之，中国没有产生资本主义的原因还在于政治制度。

中国的历史是统一与分裂，治与乱交替循环的历史，正如《三国演义》中所说"合久必分，分久必合"。侯先生正是从这一点出发把中国经济史分为五个阶段："一，第一次一元体制：郡县制度——秦汉时期。二，第一次多元体制：坞堡经济——始于后汉末期，迄于隋之统一。三，第二次一元体制：府兵制度——隋唐时期。四，第二次多元体制：区域经济——始于唐玄宗天宝之乱，迄于元之统一。五，第三次一元体制：中央集权——元、明、清代。"（第43页）

中国人有顽固的大一统思想。尽管秦始皇的暴政几乎无出其右者，但因为他实现了统一，赞扬者历代不绝。一般认为，统一时期社会安定，百姓可以安居乐业，称为"治世"，所以对秦皇、汉武、唐宗、宋祖，以及后来的康、雍、乾三代称为盛世，赞不绝口。在分裂时代，人民遭战乱之苦，猪狗不如。这种观点不能说全错，但至少有许多误解。侯先生指出一元体制之下，实现了规模经济可以降低转换成本，保障成本和交易成本，亦可修建全国性大型水利工程（如治理黄河），但分裂时期放松了政府管制，反而促进了移民和落后地区的开发。

无论统一还是分裂，中国历史上的政治制度都是君主专制的集权制度。统一是大专制，分裂是地区性专制。侯先生指出："专制政治经常包含两种成分：一为中央集权，一为君主独裁。"（第135页）"集权"指中央与地方的关系，一切权力集中在中央，国家越是统一，集权的程度越高。但集权并一定专制，"真正构成专制要件的乃是君主个人的独裁"。（第136页）集权加君主专制，就成为最高级的专制体制。在这种体制下就是政治制度决定经济制度，而不是相反。王亚南先生把专制的官僚政治作为中国长期停滞落后的原因，深入研究这种体制的特点，是相当有见解的。（参见王亚南《中国官僚政治研究》，中国社会科学出版社）

中国历史上还是统一为主的，侯先生指出："在统一时期，政治趋于专制，经济趋于统制，社会趋于管制，以致经济难以有突破发展。"（第776页）中国"不能发展出资本主义，最主要的原因，还是在于大一统在经济上的或然与当然缺失，其中尤以统制经济与管制社会，对于经济发展——尤其是工商发展打击最大"。（第163页）侯先生在《中国经济史》的第二十三章"结构内结论"中从专制体制下的崇本抑末观念、商业与企业家精神，对外贸易、科技、人口、土地、资本以及产权、人权的角度分析了专制体制对经济发展的不利之处。葛剑雄教授在《统一与分裂》中也指出大一统时代，这种专制经济体制下的巨大浪费。（参见葛剑雄《统一

与分裂》第五章：千秋功罪，三联书店）

　　尽管中国的疆域在不断变化，人口也在扩大，经历了许多次分裂，但作为华夏的中国已有数千年的历史。这就为商业的发展提供了条件。中国早就有发达的商品经济，到明代还形成了曾经辉煌一时的十大商帮。但在专制制度下，这些商品经济不能成为资本主义的萌芽，也无从产生资本主义。中国处于长期的落后与停滞之中。究其原因，在专制体制下，经济是一种统治经济或称权力经济。权力经济与资本主义是不相容的。读侯先生的《中国经济史》，对这一点会有深刻的感受。

　　权力经济就是政治权力决定经济，政治制度决定经济制度。这种体制下，统治者的唯一目的是维护自己的统治。要维护自己的统治就必须强国"弱民"。"强国"是统治者有足够的力量可以抵御外来的侵略，并镇压国内的任何反抗。"弱民"是使老百姓贫穷，无知，易于统治。资本主义的目标是强国富民。强国用来抵御外来侵略，但并不镇压国内人民。富民则要老百姓生活水平不断提高。中国几千年来的统治者一直推崇重农抑末，就是围绕强国弱民的。在农业社会中，农业的发达可以强国，又可以使人民得以维持生存，不致造反。但抑末，即压制工商业是为了使人民不至于由于富有而挑战独裁政治。我们常讲"富贵生淫欲"，其实这个"淫"不只指男女那点事，还包括有更多的欲望与要求。比如，富了就要读书，有更多的知识，就不会相信统治者的"指鹿为马"；富了就会要求有人权，就会要求民主，而不满于受专制、独裁。富是不满专制的起点，人民富起来，专制独裁就危险了。所以，即使在农本经济中，商业不可缺，但决不能影响到专制统治的稳定。这就必须把"商"排在末位，不断地加以抑制。重农抑末，商业受到限制，如何能发展出资本主义？在这种观念指导下，商人处于社会最低的社会地位，何以有推动资本主义发展的企业家精神？

权力经济的基本特点之一是政府决定资源配置。20世纪50年代初有不少经济学家主张由政府主导来发展经济。其极端形式就是计划经济。政府主导资源配置的确可以集中力量办大事，但办的大事错误，就成了集中力量浪费资源了。所以美国经济学家舒尔茨称计划经济是"有计划地浪费资源的经济"。中国历史上的权力经济也是另一种形式的计划经济。在封建社会中，统治者的目的是为了维持自己的统治，实现个人无限的欲望。这就比现代计划经济更坏。翻翻中国历史，看看统治者是如何穷奢极欲地生活的，看看他们极尽豪华之宫殿、陵墓，看看他们如何穷兵黩武，就知道在权力经济下，资源是被如何浪费的了。葛剑雄教授指出，花费巨资修建的长城从来没有起到保护中华民族的作用，而修水利尽管"有利于生产的发展和社会的进步，但这次开支在总量中往往只占很小的比例"。至于大运河"主要是解决漕运，民用成分不大，对农业更是有害无益"。（葛剑雄：《统一与分裂》，194页）

权力经济的另一个基本特点是国家直接从事经营活动。在这种经济中，凡是利润大的行业都由政府直接垄断经营或由政府卖给私人垄断经营。中国早在春秋时期的齐国就实行了由管仲设计的盐铁专卖（甚至还包括妓院业的专卖，管仲建立了国家妓院——官妓），经西汉的"盐铁会议"确定了以后一直实施的盐铁专卖制度。即使以后放开了盐业，也只是由政府把盐业专卖权卖给了商人（徽商）。利润的大头仍然归了政府。至于对外贸易更是由政府控制，广东的十三行就被称为"天子南库"。直至洋务运动，仍然摆脱不了政府直接经营的传统。洋务运动中主体是政府直接办的企业或名为官商合办，但实际上是完全由政府控制的企业。政府主导是洋务运动失败的一个重要原因。

权力经济之下也有私人企业，但这些企业与资本主义下的私人企业完全不同。资本主义下私人企业的成功在于它们的竞争力，但在权力经济下，私人企业的成功在于官商勾结。侯先生指出这是中国经济史中常见的现象，即"统制经济或公营事业均可导致官商结合"。（第150页）权力经济是管制经济，对私人企业的发展规定了许多条条框框。但这些规定都不是不可逾越的硬规则，而是由官员"相机抉择"的。商人只有求助于官员才能突破这些条条框框取得成功。官员控制了资源和权力，但要把这些东西变为财富，也需要商人为他们效劳。官商结合是双方的愿望，这就决定了任何一种专制体制下官商结合的结果。历史上的徽商和粤商都是靠官商结合而致富的。晋商在明代从事盐业贸易靠的也是官商结合。清代的乔家、常家、曹家等起初是靠自己白手起家的，但以后成为大富，靠的仍然是官商结合。官商结合的模式必然产生腐败，所以，权力经济必然是一种腐败经济。同时，官商结合能成功，也使商人失去了竞争力和创新能力。这样的商业即使再发达，也产生不出推动资本主义的竞争和创新。中国历史上的商人完全不同于资本主义下的企业家，根源正在于此。中国的商人无论多有钱也只是官员的附庸，不可能成为一个新阶级。

中国历史上的专制制度与资本主义不相容的更基本的原因是缺乏适于资本主义生长的制度。适于资本主义生长制度最核心的是产权制度。中国历史上有私有财产，但却没有私有产权制度，私有财产从来没有"神圣不可侵犯"过。中国自古即有"溥（普）天之下，莫非王土，率土之滨，莫非王臣"的观念。这就是说，天下所有一切，最终的产权所有者是皇帝。人民都是皇帝的奴仆，也谈不上人权，这不仅是观念而且就是亘古不变的法律。一个人无论多富有，只要皇帝一声令下就可以抄家剥夺。私有产权的缺失是中国经济始终没有出现资本主义的根本原因。

资本主义的发展还要以一套法律体系为依托，重要的比如专利法、公平竞争法等等，不重要的就更多了。中国历史上不能说没有法律，自从有了国家就有了法，发展到后来"大明律"、"大清律"等都相当详尽，但有法并不等于就是法治国家。哈耶克曾指出，有法律并不一定是法治国家，法西斯德国也有法律，但绝不是法治国家。这取决于依照什么原则，由谁立法，以及如何执法。封建社会的法律体现了统治者的意志与愿望，由统治者制定法律并执法。法无非是维持自己统治的工具而已。这样的社会不是法治社会，仍然是由统治者说了算的人治社会。"朕即国家，朕即法律"，法律并不制约统治者（"刑不上大夫"），只用于对付反对自己的人，而无论他出于什么动机反对。这样一个没有法律、没有人权的人治社会，谈资本主义都是罪，何况建立乎？

中国社会长期停滞、落后在于没有产生资本主义，而其根源则在于专制体制。近一百年前，中国人民推翻了清王朝，但并不等于推翻了封建制，推翻专制政治。这种思想的表现之一就是对政府的迷信和对政府主导的盲目崇拜。从洋务运动到"中华民国"，一直都是由政府主导经济现代化。甚至在21世纪播出的电视片《大国崛起》里仍然迷信政府主导的现代化。政府主导，无论采取什么形式，都是权力经济的翻版。权力经济与资本主义不相容，也与市场经济不相容。我们始终没有一次批判封建主义的启蒙运动。历史上权力经济的思想仍在自觉不自觉地发生作用。因此，我建议关心中

国未来的人都读读侯先生的《中国经济史》。读这本书不是
要回顾"祖上富过"的历史，而是要找出"祖上很穷"的根
源。这对我们探讨改革转型之路肯定是有启迪的。

重写经济学史

——《经济理论的回顾》

我对经济学发展、演变的历史一直情有独钟。这来自于我上大学时学这门课痛苦的经历。

20 世纪 60 年代我上大学时有两门课是涉及这个学科的。一门是"经济学说史"，另一门是"现代资产阶级经济学说批判"。前一门是讲马歇尔以前的经济学说，后一门是讲凯恩斯以后的经济学说。经济学本来是丰富多彩的，而且我一直喜欢历史。但学完之后，只觉得这两门课枯躁、无聊。就内容而言，这两门课都是介绍各个经济学家的观点，讲每个人都是价值论、分配论等等，看不出他们之间的发展与继承。就方法而言是一批到底，观点介绍的不多，但批判特多。听课时觉得背起来颇为不易。1978 年研究生入学考试时，这两门合为一门考，我只得了 80 分，是各门考试课中成绩最低的。

以后我也读了一些国内学者所写的经济学说史的教科书和专著，总的印象是与我上大学时的状况，并没有根本性的变化。这里有作者的研究深度问题。这是一个浮躁的时代，学者们热衷于挣钱、升官，不能沉下心来做学问，没有时间去读书、想问题。但也有传统观念的约束，没有彻底摆脱传统经济学说史的框架结构和写法。把经济学家作为资产阶级代言人，用马克思的片言只语去批判他们。我一直有重写一部经济学说史，重建经济学说史框架的想法。当然，这个野心太大了，在我的有生之年，恐怕很难完成。但断断续续地思考了一些问题。读了最近出版的马克·布劳格的《经济理论的回顾》，又触发了我的思考，写出来与各位同仁探讨。

我想的第一个问题是：经济学发展的历史有没有一条主线？这就是说，有没有一条主线能把各个时代各种观点的经济学家串起来，从中看出经济学的继承与发展？过去，我一直认为是有的，而且抓住了这条线就可以使各种经济学说纲举目张。我们在学习时，这条主线其实就是劳动价值论。支持劳动价值论的是进步的，反对劳动价值论是反动的，所以，讲每一位经济学家都首先要讲价值论。我对这种观点一直是反对的。其实有许多经济学家根本就没有价值论。即使是亚当·斯密这位经济学的创立者，在他的《国富论》中也没有论述劳动价值论的专章，只是有几句话讲到了这一问题，就被后人解释为创立了劳动价值论，价值论有二元性等等。其实把劳动价值论作为主线是受了马克思《剩余价值理论史》一书的影响。但我们忘记了，《剩余价值理论史》并不是一部完整的经济学史，只是经济学中劳动价值与剩余价值理论发展演变的历史。马克·布劳格也是一位马克思主义经济学家，在西方以"左"翼闻名，但他在《经济理论的回顾》一书中也没有把劳动价值作为主线。

　　劳动价值论不能作为主线，并不是没有主线，20 世纪 80 年代初刚刚开放之际，已故的著名经济学家、北大教授陈岱孙先生曾提出，一部经济学说史是自由放任思潮和国家干预思潮交替的历史（参见陈岱孙《西方经济学中自由主义和国家干预主义两思潮的消长》，收入《陈岱孙文集》下卷，北京大学出版社 1984 年版）。用这个思路的确可以把一部经济学串起来。重商主义是国家干预思潮，古典学派和新古典学派是自由放任思潮，凯恩斯主义是国家干预思潮，货币主义等又是自由放任思潮等等。以前我曾全盘接受了这种思路。但以后，我又产生了怀疑：经济学还是以理论为基础的，自由主义或国家干预都属于政策层次的内容。而且经济学中有许多问题是不涉及这种政策问题的。有许多经济学家并没有明显的政策倾向，但并不等于他们的思想不重要。比如，熊彼特的创新理论，很难划入哪种政策倾向，但任何一部经济学说史都不能缺熊彼特。把每一个经济学家，每一种经济思想都纳入这个框架中，未免把丰富的经济思想简单化了。其实，当初陈岱孙先生论述这一问题时，也并没有说这是经济学说史的主线，只是指出经济学发展过程中的这个特征，我曾向陈岱孙先生请教过经济学主线的问题。他并没有给予明确的答复，但他说，把两种思潮作为主线，有点简单化了。他的那个讲话也并没有那个意思。

　　两种思潮的交替是政策层次的，那么，作为基础的理论有没有主线呢？我曾较长期地思考过把经济增长理论作为经济学说的主线。亚当·斯密建立经济学说就是从这一问题开始的。什么是国民财富以及如何增加国民财富是《国富论》的中心，其实也一直是经济学的中心。经济学是选择的科学，选择的目的是实现资源既定条件下的最大化。对整体经济而言，这就是增长问题。沿着经济增长这条线也的确可以把许多重要经济学家的主要思想联系在一起。而且，对经济增长的探讨也成为各个时代经济政策的基础。国家干预或自由主义都是不同增长方式的选择。不过当我用这种思路思考经济学的发展史时，我发现还是简单化了。经济学包括了丰富的内容，远远不是这条主线所能概括的。如果非要用这条主线来概括经济学史，那就会牵强附会。比如，经济学史上极其重要的边际主义、货币主义等，与增长理论并没有直接的联系，它们本身在经济学中的意义却远远超出了增长。

在上下探索而不得之后，我终于明白了，用一条主线来概括一门科学是简单化的思路。把增长作为经济学的主线与把唯物主义与唯心主义的斗争作为哲学的主线一样幼稚可笑。经济学涉及人类社会生活的各个方面，其内容必定无比丰富，想用一条主线来概括，必然会忽略许多重要的内容。而且，预先确定主线与构架，再来决定内容的取舍，难免有主观偏见，顾此失彼。把丰富多彩的内容简单化会曲解历史，读起来必然是乏味的。

其实写经济学史不用寻找主线。从经济学的发展来看，包括三部分：理论、政策、方法。当然可以围绕其中一部分写专题性研究，如马克·布劳格这本书名字为《经济理论的回顾》，就是围绕理论问题展开的。陈岱孙先生讲的自由放任与国家干预的交替实际上中心是经济政策。美国经济学家熊彼特的名著《经济分析史》则是以方法为中心的。在这几大类之下，还可以细分，如理论的内容，有劳动价值理论史、增长理论史、货币理论史、分配论史等。政策的可以分为财政政策、劳动政策等。方法论的可以有实证方法史、计量方法史等。如果要写一部综合性的经济学说史，我认为这些重要的内容都不可忽视，讲每位重要的经济学家在这三方面的贡献，以及各时代经济学家的继承与发展关系。

我想的第二个问题是，如何评价历史上的经济学家，或者说用什么标准来判断他们。写经济学说史应该是客观的。经济学史属于历史。历史的客观性就在于先抛开个人的偏见，把事情原原本本地告诉读者。写思想史必须先把别人的思想如实地作出介绍，不能用自己的观点去取舍和复述别人的思想。过去经济学史的最大缺点就在于先给各时代的经济学家定性，然后再根据作者的需要介绍别的人思想。这就是所谓"以论带史"的方法。这种方法歪曲了历史，这种歪曲历史的方法论过去既是中国学术界研究历史的方法，也是研究经济学史的方法。

经济学是在西方经济发展过程中形成的。我们说的经济学史是重商主义以来经济学形成与发展的历史。中国自古以来也有丰富的经济思想，但并没有独立成体系的经济学。因此，我认为经济学史不应包括中国经济思想史。

应该如何评价西方经济学呢？过去我们是把马克思主义作为判断西方经济学正确与错误的标准。在 20 世纪 50 年代初，陈寅恪先生曾公开反对把马克思主义作为研究历史的指导思想，当然，他也反对把马克思主义作为评价一切人和事的标准。现在看来，陈寅恪先生是正确的。把马克思主义作为判断一切的标准是把一种理论作为判断另一种理论的标准。经过思想解放运动，现在判断一种理论正误的唯一标准应该是实践，一切理论，包括马克思主义都要经受实践的检验，其本身不能作为标准。

检验任何一种理论的标准是实践。那么，检验经济学理论的实践是什么呢？我看就是邓小平同志提出的"三个有利于"。任何一种经济理论，在它提出之时只要实现了"三个有利于"就是正确的。我们应该按这个标准来检验历史上的一切经济理论。过去我们总把"为资本主义辩护"和"为资产阶级辩护"作为批判历史上各种经济学说的基本依据。"为资本主义辩护"就有罪吗？在历史上资本主义也曾起过积极的作用，推动了经济发展，实现了三个有利于，即使在今天资本主义也没过时。我们建立社会主义市场经济，实际上是借鉴了资本主义最本质的东西——市场经济。严格来说，各种经济学说并不是为资本主义辩护，而是为市场经济辩护的。为市场经济辩护，何罪之有？

在过去的指导思想之下，经济学史把经济学的发展史描述为从"庸俗"到"再庸俗"的过程。即便是对略有肯定的古典经济学，也完全扭曲了其本质性的内容。由亚当·斯密所创立的古典经济学是研究市场经济如何增长了国民财富的。但那些经济学史的研究者回避这一中心论题，大谈什么古典经济学的劳动价值理论及剩余价值理论。实际上这些理论既不是古典经济学家关心的中心，对经济的发展也没有实质性意义，换言之，对实现"三个有利于"没什么重大意义。比起斯密"看不见的手"的理论，李嘉图的比较成本学说和由此而来的自由贸易理论，劳动价值论云云太无足轻重了。

在这些研究者看来，古典经济学之后，他们连劳动价值论也没了，因此，对以后直至今天的经济采取了完全否定的态度，甚至连介绍也不客观了，不是先忠实地介绍各位经济学家的观点，然后再批判，而是按批判的需要选取他们的观点，以批判为中心。这时研究就完全是为政治服务了。有些批判者一辈子也没有读过他们批判的经济学家的原著，却以超级权威自居。经济学家被人看不起，不是自今日起，大概20世纪50年代之后就是如此了，连研究历史问题都没有实事求是的态度，何况研究现实问题？批判别人是庸俗经济学者实际上自己才庸俗透顶。

这就是我主张要重写经济学史的最重要原因。过去所写的那些经济学史在我看来完全可以一烧了之。别说观点与体系了，连资料价值也没有，顶多作为反面教材，让后人看来，当年的那些学者是何等荒唐、可笑。一个荒唐的时代难免产生荒唐的学者。这是历史的悲剧。重写经济学史就是要实事求是地把经济学的发展历程告诉人们，研究每一代经济学家之间的继承和发展。评论可以有自己的观点，也可以百家争鸣，但介绍一定要客观、要实事求是，既不美化其缺点，也不丑化其优点。先画一张真实的画像，再来评论他的美丑。马克·布劳格这本《经济理论的回顾》就在于忠实地介绍了各位经济学家的思想，可以作为我们重写经济学史的基础。

我所想的第三个问题是如何写。这里主要涉及两个问题。一个是只写主要经济学家，还是从经济学的发展出发，不忽视那些在历史上并不特别引人注目，但对经济学的发展亦构成不可或缺的一环的小经济学家。《经济理论的回顾》采用的是前一种方法。但我更偏重后一种方法。例如，美国经济学家小罗伯特·B. 埃克伦德和罗伯特·F. 赫伯特的《经济理论和方法史》介绍了杜普伊特，他在经济学中的许多贡献相当重要。再如，熊彼特在《经济分析史》里介绍的康替龙对宏观经济学的早期形成亦影响最大。一部经济学史当然不可能面面俱到，但对这些人却不能略而不谈。

二是采用什么写法。我以为严肃的专著是不可缺的，但是否也可以写一些给大众看的通俗版？作为经济学史不仅学者要读，一般读者也需要读。但严肃的学术专著，一般读者很难读下去，因此还需要通俗、有趣的读本。学者吴国盛曾写过一本《科学的历程》，有文字、有插图，文字通俗易懂趣味性强，曾获得市场好评。经济学史为什么不能有这种写法呢？通俗写法是现代许多著作的写法，如果没有这种书，学术就不可能进入大众的视野。于丹、易中天等人对传统文化的通俗讲法尽管有许多争论，但我认为在普及这一点上是一个方向。值得我们的经济学史学者学习。《经济理论的回顾》称得上是一本高水平的学术专著，但连我这样的专业人士读着都费劲，哪能给大众看呢？学术水平高的专著和通俗性读本读者都需要。我之所以强调通俗写法是因为现在学术性的专著起码从国外译过来的还有几本，但通俗性的太少了。我总想如果能有一本经济学史把经济史与经济理论的发展结合在一起，把严肃的理论与故事结合在一起，老少皆宜，读者便能在轻松的阅读中了解到经济学的发展与演变。

人都是得陇望蜀的。读了《经济理论的回顾》，对重写经济学史有了信心，但我希望写出来的不仅有这种严肃的学术著作，还希望再有通俗、有趣、好读、好玩的读本。

中国为什么没有形成企业家阶层

——《跌荡一百年》和《大商人》

现代化的核心是以工业化为中心的经济现代化，而这一过程的推动者是企业家。中国在洋务运动之后就被迫走上了强国的现代化之路。在世界范围内，我们的起步并不晚很多，在亚洲，我们与日本几乎是同时的。但一百年之后，我们现代化的进程仍然没有完成。其间原因错综复杂，但集中体现在没有形成作为经济现代化推动者的企业家阶层。读了吴晓波先生的《跌荡一百年》（中国企业 1870—1977）和傅国涌先生的《大商人：影响中国的近代实业家们》，又使我对这一问题有了更多的思考。

中国过去是没有"企业家"这个名词的，直至今天，权威的《现代汉语词典》，仍没有收入这个词。替代"企业家"这个词的是"商人"。在中国几千年的农本社会中，重农轻商，商人一直没有社会地位。在西方，企业家的兴起也是近代的事，但他们很快不仅获得了财富，而且也获得了相当高的社会地位。在中国，即使是富可敌国的商人，比如，晋商和徽商，其社会地位仍然低下。

中国的现代化不是资本主义萌芽自发发展的结果，走的也不是西方那样的市场化之路。中国的现代化是在外部压力之下，政府中的一部分开明人士追求强国的结果。因此，最早从事经济活动的企业家除了进入中国的洋人之外，就是追求强国的官员。尽管中国一直有从事商业活动的商人，以后也有从事实业的企业家，但真正主导中国经济的还是官员。官员而又兼商人或企业家，这就是官商。官商代替了企业家，这就使中国的现代化进程和企业家的形成走了一条与国外完全不同的路子，从而有了完全不同的结果。

哈耶克把社会分成两种类型：有了钱才有权的社会，以及有了权才有钱的社会。中国正是后一种社会。官商不是借商成官，而是借官成商。这就是说，官商与企业家最大的差别在于不是靠经营企业，靠创新和承担风险赚钱，而是靠官员的权力赚钱。对于官商来说，官是核心，所以，他们追求的就不是企业利润最大化，而是官位最大化，做好了企业不一定能赚钱，但官位高了，权力大了，肯定能赚钱。从商是为官位服务的，做企业仅仅是当官的手段。因此，他们的中心任务不是如何作出正确的企业决策，更有效地使用企业的资源，而是如何在官场上"混"，当更大的官。官商与企业家的另一点差别还在于，企业家要自己承担风险，而官员失败了，则由政府，由纳税人承担风险。有时出于政治的需要，明知赔钱也要投资。成功了，可以升官；失败了，有别人买单，何乐而不为？决定官商企业的不是经济规律而是官场规则或"潜规则"。所以，官商其实不是企业家，而是做企业的官，就像做文化、做行政或做其他工作的官一样。

中国最早的企业家正是这样一批官商。这批官商产生于洋务运动。洋务运动以强国为目标，而且真正睁开了眼睛向外看，其进步意义不容否认。但洋务运动是以政府为主导的强国运动，由官员以官场规则办企业，从一开始就注定了无论花多少钱，一定是要失败的。曾国藩办安庆兵工厂，左宗棠办福建船厂，张之洞办汉阳铁厂，李鸿章办招商局，哪一个有辉煌的业绩，对中国经济进步起到了推动作用？甚至在中国历史上，他们都没有留下什么让人回味的痕迹，如今留下的一些残片，居然也称为博物馆，但又能告诉我们什么呢？

洋务运动的失败，原因颇多。最根本的是在不改变封建意识形态和制度前提下想实现经济发展。这次运动的主导思想是"中体西用"即不改变中国的制度而采用西方的技术。殊不知，技术进步的基础是制度。没有制度变革，哪里有技术进步？与洋务运动相对的是日本明治维新。他们的口号是"全盘西化"，"脱亚入欧"。先有政治制度的改革，而后有经济腾飞。这就注定了在近代史上"小日本"总侵略我"大中国"的命运。

主持洋务运动中的企业的人是被称为官商的官员。他们之所以能主持企业，并不在于他们在经营企业上有什么特长，而在于他们本身是或通过科举，或通过当幕僚而进入仕途的官。他们精通官道，而不懂企业之道，他们又以做官的方式来办企业。这就注定了，洋务运动，无论投入多少，企业的结局或者不死不活，或者失败。这种企业只要产品（枪、炮、船之类），而不讲经济效益，也谈不上成本－收益分析（这是一切国有企业的共同特征，甚至可以说是本质特征）。钱花了不少，经济进步谈不上，更别说什么现代化了。

在中国近代历史上有两次政府和官员办企业的时期。一次是我们刚刚分析过的洋务运动。吴晓波先生称之为"留着'辫子'的洋务运动"。留辫子是清政府的象征。有辫子的人办企业当然是官商。张之洞投入巨资办的汉阳铁厂，李鸿章投巨资办的招商局，都是标准的国有企业模式，也是标准的国有企业结局。另一次是1927年国民党执政之后。国民党采用的是一党专政的"党国体制"。党领导一切，党要领导企业；党决定一切，当然也要决定企业。吴晓波先生称这一时期为"国家主义的回归"。如果说这种政府办企业的发展能留下什么的话，那就是造就了亿万富翁，洋务运动的盛宣怀，国民党时期的"四大家族"都是成功的典范——不过这种成功不是企业办得成功，而是个人致富成功。官商不是推动现代化的企业家。

当然，中国的企业家也并不全是官商。早在历史上我们就有成功的商人。在近代，随着民族资本主义的兴起，也有真正意义上的企业家出现。这两本书都让我们又一次回顾了他们的辉煌。但是，他们却没有形成一个能推动中国历史进步的阶层。这就在于中国缺乏一个让企业家自由成长的土壤。

吴晓波先生在《跌荡一百年》的前言中，概括了阻碍中国商业进步的三个现象："一是意识形态争论对现代化的干扰，二是中央集权观念对国家商业主义的催生，三是传统的轻商和官商文化对新生企业家阶层的影响。"这就是限制企业家阶层成长的土壤。吴晓波先生更多地强调了思想意识，我还想加一点，那就是制度。

中国近代没有一场真正意义上的启蒙运动。传统的封建文化一直是主流，而且通过形式的变化一代一代被坚持下来。传统文化的特征是保守与封闭。保守是不想变革，抵制变革。用鲁迅先生的话说就是连搬一张桌子都要流血。近代史上所谓修铁路坏了风水之类故事，大概就是最有力的明证，至于改变"祖宗之法"更是大逆不道了。封闭就是对世界各国的文化抱着顽强抵制的态度。鸦片战争打开了中国的有形大门，但一点也没有动摇无形的思想大门。这种意识形态不只是统治者在坚持，而且已深入每一个中国人心中。封建文化传统体现在制度上就是国家中心主义。把国家放在民族之上，而国民党的"党国体制"又把党放在国家之上。在这样的制度下，各种法律就形同虚设，国家可以为所欲为。例如，众所周知，产权是企业家成长的至关重要因素。中国从商鞅变法以来已经实现了私有制，但国家的权力却在私有产权之上。无论是北洋政府的法，还是国民党的法，都没有"私人产权神圣不可侵犯"的观念。承认私人可以合法地占有财产，但国家却可以任意地剥夺这种权力。当年国民党对私人企业家的横征暴敛就是最明显的事例。吴晓波的书中记载了这一段令企业家伤心的历史。

当然，中国近代企业家阶层难以形成，客观上还由于当时的国内外环境。中国近代史是一部苦难史。清王朝灭亡之后，先是袁世凯称帝的闹剧，以后又是军阀混战，蒋介石统一中国之后，内乱仍然存在，再以后又是日本的入侵。这些年的中国从来没有平静过。偌大的中国连一张平静的书桌都容不下，哪有企业发展的机会？小平同志总强调，安定是发展的前提。没有政治的稳定就没有经济发展，也没有企业家施展才华的舞台。更何况，外国资本主义的入侵，经济上对民族资本的压制、排挤，也让中国的企业家难以生存。乱世出英雄，但是乱世出不了企业家。

然而这些恶劣的外部环境，并没有消灭中国的企业家。中国仍然有一些企业家在逆境中成长起来了。这两本书中所介绍的银行家张謇、陈光甫、上海的百货四子、荣氏兄弟、范旭东、穆藕初、陈嘉庚、刘鸿生、卢作孚等仍然历经艰苦磨难，对中国的经济进步作出了贡献。不过他们并没有形成一个能推动中国现代化发展的企业家阶层。他们不仅人数少，财力不足，而且在当时的中国社会上也还远远不足以作为一种社会中坚力量改变社会。毛泽东同志多次指出，中国的民族资产阶级（今天也可以解释为企业家）是软弱的。这种软弱的根本原因还是实力不够。这种实力既包括其所控制的财富，也包括他们的社会地位。

企业家成长的环境是自由竞争的市场经济，但在中国近代史上从来没有出现过这个条件。在这个时期，最终控制资源配置的仍然是奉行国家商业主义的中央集权政府。他们不仅通过官商直接控制经济，而且也通过各种经济与非经济的手段控制了民营资本。在这种环境下，企业家难以靠自己的经营成功，即使不是官商，也要通过各种方法借助于政府的权力。当要依靠权力才能致富时，企业家也就不能成为真正意义上的企业家了。他们不能一心一意地做企业，而要应对政府各种合理或不合理的干预，要去找门路，疏通关系，利用政府的权力。不是他们愿意这样做，是他们不这样做不行。不是他们自愿为娼，而是被逼迫不为娼不行。翻翻企业家史，有几个是完全靠白手起家成功的？即使白手可以起家，在起家后要做大，仍然离不了政府的权力。一部企业史几乎就是官商结合史，这是中国的悲剧，但也是中国几千年历史的必然结果。在一个政府权力极大，且没有限制的国度里，企业家的成长必然是不同于正常市场经济条件下的。正如在大石头重压下成长的树木不同于正常的树木一样。这样艰难的条件之下，可以有个别企业家的成功，但不会有一个企业家阶层。他们也无法像市场经济下那样成长为受尊重的社会进步力量。

当然，这些条件也造成中国企业家本身有这样那样的不成熟之处。按吴晓波和傅国涌先生的分析，中国企业家有由官员转型而来的，有从海外回来或当买办出身的，有出身于士大夫阶层者，也有白手起家者。不同出身的企业家都有自己的特点，但作为中国社会的企业家也有他们的共同之处。特别是他们身上都留下了中国传统文化的烙印，在作为企业家时都无意识地流露出前资本主义的特点。为什么张謇灭亡于捐助过多？无外乎源于文人"达则兼济天下"的思想影响。企业家的职责首先在于做好自己的企业，"兼济天下"是成功后的事。洛克菲勒、摩根这些人不都是在企业极为成功之后才"兼济天下"的吗？

其实，他们是什么出身无所谓。他们可以从不同的起点最后达到现代企业家的终点。但这不是一代人的事。近代的企业家都作出了他们应有的贡献，也可能在他们这一代人形成企业家阶层。但是历史再没有给他们这个机会。计划经济的建立不需要一个企业家阶层，也没有让他们成长的土壤了。中国企业家的发展史就这样突然中断了。在1978年改革开放之后，企业家才在艰难之中又一次起步。这时的中国已经走上了市场经济之路，这个企业家阶层迟早是要形成的。中国的现代化要由各阶层的人共同努力，但我们仍然愿意把企业家阶层作为中心。

读有关中国近代企业家的这两本书是对中国企业史的一个回顾。这种回顾绝不仅仅是要循环历史，而是要从历史找到未来。今天的企业家可以从历史中得到激励，也可以找出教训。我们不能"克隆"历史，但可以从历史中得到经验。这正是我希望每一个有志于中国现代化的人，都读读这两本书的原因。

解开斯密的中国之谜

——《为什么中国人勤劳而不富有》

亚当·斯密在《国富论》中注意到中国人勤劳，但并不富有。他对这一现象的解释是中国是一个停滞的社会。中国社会为什么停滞，他没有作出更为深入的解释。我们就姑且把这个问题称之为斯密的中国之谜。许多人都想解开这个谜。陈志武教授的《为什么中国人勤劳而不富有》正是这个谜的一个答案。

陈先生用数字肯定了这个事实的存在。从公元元年到1880年，中国的人均GDP才从450美元增加到530美元；从1838年到1848年，大清帝国一年的财政收入尚不及今天无锡尚德公司2007年的收入；而19世纪中期正是历史上有名的"康乾盛世"，但在1978年改革开改之后，仅仅到1998年，人均GDP达3200美元，增加了35倍。引起这一变化的秘密是什么呢？其实过去中国人的勤劳而穷和今天的勤劳而富是一个硬币的两面，都在于两个字："制度。"

没有好的制度，再勤劳也是穷，有好的制度，勤劳就能变为财富。这就是陈先生在全书中贯穿的一条红线。在众多的制度中，陈先生强调了两点：开放和产权。中国封建社会一直是闭关锁国的，关起门来称老大。"货物不能跨过国界，士兵就会跨过国界"，封闭引发了鸦片战争。1978年以后的开放，学习了国外的制度和技术，也使中国利用自己的劳动力优势成为世界工厂。这才有了财富的迅速增长。全球化是唯一的共同富裕之路，那些仍然坚持关起门来称老大的国家，现在还不都是在贫困中挣扎？

另一种最关键的制度是产权。英国产业革命的起点是私有产权制度的建立。在中国历史上产权也是决定一切的。商鞅变法使落后的秦国最终统一了中国，而变法的核心就是私有制代替了公有制。王莽的变法引起了历史倒退、社会混乱正在于是用公有制取代私有制。中国1978年后的改革尽管口头上回避了产权这个问题，实际上从一开始的承包制就是产权改革——虚化产权中的占有权，强化使用权和受益权。没有产权改革，能有今天撑起国民经济半边天的民营企业吗？

陈先生从制度入手来解斯密的中国谜，是有说服力的。但制度的背后是什么？陈先生没有深入探讨，我觉得制度背后是意识形态。中国一直是一个强调意识形态的国家，总喜欢以一种思想为主流意识，排斥其他思想，称之为"异端"，甚至不惜一切消灭它。这就形成中国人的保守和缺乏创新能力。思想的不开放比制度的不开放还可怕。1978年以来的开放首先不是资本市场开放，产品市场开放，而是思想意识的开放。所谓"解放思想"的意义正在于此。我总认为，思想意识对理解中国历史至关重要。如果陈先生能在制度之外再关注思想意识问题，分析就更有深度了。

富有其实包括了两个相关而不同的问题，即"国富"与"民富"。国富是"民富"的基础，但人均 GDP 的提高，并不等于每个人都富了。中国人勤劳，但并不是勤劳者一定致富也是一个重要的问题，如何使那些勤劳的人富起来，也非常值得关注。陈先生的书也没有更多涉及这个问题。

斯密的这个"中国之谜"和"李约瑟之谜"同样重要。解开这个谜其实是重新审视中国历史。陈先生的著作在这方面迈出了第一步，但绝不是最后一步。

看
书

讲道德的书为什么"火"不起来

——《道德情操论》

亚当·斯密一生写了《国富论》和《道德情操论》两部著作。斯密是道德哲学教授,《道德情操论》是他的专业著作。而且,他本人对这本书的重视也远远超过了《国富论》。《道德情操论》的出版早于《国富论》,而且斯密一生中七次修改《道德情操论》。但在历史长河中,《国富论》的知名度要远远高于《道德情操论》,甚至可以说,如果《道德情操论》的作者不是斯密,也许早就被人们遗忘了。

这两本同样为一个学者精心所写,而且同样"经典"的著作为什么命运差别如此之大呢?

一本著作的命运如何,其实不取决于这本书写得如何,而是取决于它是否回答了社会所关注的问题。亚当·斯密所处的时代是资本主义发展的初期，社会所关注的是经济如何得到迅速发展，个人如何致富。《国富论》以财富如何增长为主题，正好迎合了社会的这种需要。《国富论》解决了两个人们最关注的问题。一是利己是否合理，它对社会有什么影响。斯密以前的传统思想对利己持否定态度，历数利己之罪恶。斯密为利己正名，认为这是人的本性，而且正是这种人的本性推动了经济繁荣。二是人的利己本性通过什么机制推动了经济繁荣。这就是关于"看不见的手"的论述，从而揭示了市场机制的秘密。这两种思想是对市场经济最本质的论述，成为以后一系列市场机制论述的来源。因此，《国富论》才能成为永不过时的经典，两百多年来畅销不衰。

在斯密的时代，社会对经济的关注是首位的，对道德的关注是次要的，因此在当年，《道德情操论》的影响力就远远不如《国富论》。市场经济也应该是一个讲法治，讲道德的经济。一个缺乏法治与道德的社会不仅社会混乱，而且经济也得不到发展。市场经济发展到一定阶段，人们对道德的关注也肯定会发生变化。但在社会关注道德问题之后，为什么《道德情操论》还是没有火起来呢？在中国的市场化进程中，道德问题也引起了越来越多的关注，温家宝总理多次提到《道德情操论》，很多出版社也出了好几个不同的译本，然而这本书至今也说不上"火"，这到底又是为什么呢？

当然，与《国富论》相比，《道德情操论》写得太抽象了，让人读起来索然乏味，我也是因为专业的关系才硬着头皮读下来的。但这还不是关键，许多名著，尽管缺乏趣味性，不也依然有一代代的人在热读吗？关键在于这本书对解决现实的道德问题没有什么作用。《道德情操论》同其许多同类书一样，都充满了道德说教，告诉我们人性如何有利他的一面，同情心等等如何重要，都属于"人为什么应该有道德"，

看

书

的规范问题，而对于如何实现道德提高的实证问题并没有提出多少有价值的东西。然而，经济学的魅力正在于它的实证性。斯密在写这本书时，已经不是经济学家，而是回归到道德哲学教授的身份了。

中国的经济有了相当成功的发展，但不可否认，道德滑坡也相当严重，这种情况不仅不利于经济发展，而且也影响了社会的和谐。温家宝总理一再提倡我们读一读《道德情操论》是极为正确的。但如何提高道德水平，读《道德情操论》是远远不够的。

发达国家道德水平总体上比较高除了经济发达这个因素之外，还有三个重要因素：法治、宗教与文化。宗教这一条我们没法学，因为我们历史上就没有一种全国性的宗教，现在也不可能重建这类宗教。对我们有借鉴意义的还是法治和文化。我们有不少缺德的现象，其实是源于法治问题。如诚信的缺失。诚信是一个道德问题，也是一个法治问题。拍卖公司卖假货，原因就是拍卖法中有拍卖公司不对卖品的真伪负责的条款。有些道德问题是可以用法治来解决的，新加坡道德水平高的原因就是有了严厉的法治。"乱世用重典"，在当前的道德水准下，"重典"不失为一种有效的办法。

当然，道德问题也不能完全靠法治，还要靠教育和文化水平的提高。应该说，我们的应试教育有一个严重的缺点，就是重智力教育，而轻德育教育，特别是德育教育过于空洞，设立了过高的目标。其实德育的核心问题是如何做一个有道德和文明习惯的人。我们忽视了做人的道德而过分强调普通人无法做到的崇高目标。我们不能要求人人都毫不利己专门利人，只能要求人利己而不损人；我们不能要求人人都有崇高的人生目标，只能要求人有起码的"职业道德"。"文化大革命"破坏了中国传统文化中许多优秀的内容，形成一定程度的道德断层。现在的教育就要补上这一点，而不是抽象地去讲什么国学。

提高道德水平有许多细致、务实的工作要做，绝不是喊口号、树榜样就可以解决的。《道德情操论》告诉了我们市场经济中道德的重要性，也可以使我们更加全面地理解市场经济的本质。从这种意义上说，《道德情操论》尽管不好读，但还是值得一读的。

经典永不过时

——《美国货币史（1867—1960）》

这次席卷全球的金融危机和经济危机与 20 世纪 30 年代的大萧条十分相似。使人们又想起了已去世的米尔顿·弗里德曼，想起了他与安娜·施瓦茨合著的《美国货币史（1867—1960）》。虽然这本书已经出版快五十年了，但它对大萧条原因的分析仍然令人信服。他们认为大萧条的原因是美联储紧缩货币，"货币存量的下降幅度超过了三分之一"。所以，在这一次危机到来之际，包括美国、中国在内的各国央行都在增加货币供给。

当然，这本书的主题并不是解释 30 年代大危机的。弗里德曼是货币主义者，他的基本观点是"只有货币最重要"。这就是说，在现代经济中，货币是一个对经济有重大影响的独立而可控的力量。在长期中，货币只决定物价水平，对实际经济并没有什么影响。在短期中，货币既影响物价，又影响产量。但是他不像凯恩斯主义那样主张用货币政策来调节经济，而是主张稳定货币供给，稳定物价，为市场机制自发地调节经济创造一个良好的环境。货币供给是可控的，破坏了货币供给的稳定性就会引起经济的不稳定，30 年代美联储紧缩货币供给就是一个典型的案例。

弗里德曼货币主义观点的代表作是他的论文《货币数量论的重新表述》。这篇论文提出了"只有货币最重要"的观点，但仅仅是理论上的阐述，缺乏实证的论证。《美国货币史》正是要全面地论证货币主义的基本观点。其论证之严谨已经得到经济学家的公认。因此，这本书被认为是货币主义的第一经典。货币主义在第二次世界大战后被称为凯恩斯革命之后又一次经济学的革命，对以后经济学的发展和经济政策产生了重大影响。这本书当然也是经济学最重要的经典之一。

作为一本经典，《美国货币史》不仅在理论和政策上有重大意义，而且在经济学方法上也有重大意义。弗里德曼是一个实证主义者，他主张用实证方法来研究经济学，任何理论都要有翔实的论据来证明。《美国货币史》也体现了这一点。熊彼特主张，经济学要把理论、历史与数据结合在一起。这就是说，一部好的经济学著作要以理论为中心，用历史和可靠的数据资料来证明。《美国货币史》正是把理论、历史与数据完美地融合在一起。全书围绕的中心论点是"只有货币最重要"，展现的历史是 1867—1960 年将近一百年的经济与货币的历史，作为理论依据的是翔实、全面而严谨的数据。而且应该特别指出的是，书中所用的数据并不是现成的，而是作者根据大量的原始资料整理加工出来的。这些数据与弗里德曼的理论惊人地一致。作者为整理这些数据花费了多少心血，现在我们也无法想象。

　　作为一本经典，《美国货币史》无论在论点、论据、还是方法上都堪称楷模。它的理论在几十年之后仍然令人信服，并且能用于解释当前我们面临的现状。它的政策分析至今仍受重视，美联储主席伯南克显然就接受了这本书的观点。经典就是永不过时的书。在这种意义上，《美国货币史》的确是一本经典。

"科学地"造假

——《统计数字会撒谎》

前一段有关机构公布一季度人均收入增加11%还多。这引起不少人的质疑。经济形势不好，大量工人下岗，在岗人员也在减薪，人均收入怎么反而增加了呢?该机构解释，他们是用科学的方式计算的，绝非造假。

读了美国经济学家达莱尔·哈夫所写的《统计数字会撒谎》，你就会明白。他们在计算平均收入时，用的方法绝对是科学的，但得出的数字却可以造成假象。在这样的经济形势下，人均收入显然不可能有如此大的增长，这是每个人的感觉。但计算平均数并不是计算所有人的平均数，而是抽取样本来计算。不把失业的、减薪的人作为样本，只选那些收入有增加的人，平均收入不就上去了吗?抽取样本是一种科学的方法，但得出的结论可能是不真的。这就是"科学地"造假。我历来不大相信平均数。试想马明哲年收入达到 6000 万，一个普通工人年收入 2 万，平均收入是 3001 万。但这样的数字除了掩盖贫富悬殊的事实，有什么意义呢？

许多人都会认为数据是"铁一般的事实"，不少人写文章，讲话也喜欢引用这些"铁一般"的数字。但看了《统计数字会撒谎》你就知道，这些"铁一般"的数字如何像豆腐块一样不堪一击。19 世纪英国首相本杰明·迪斯雷利（Benjamin Disraeli，1804—1861，1868 年及 1874—1880 年任首相）早就指出统计数字是三大谎言之一。西方人都说，统计数字是"比基尼"，真正的秘密并不让你看。

统计数字和魔术一样没什么神秘的，揭穿了内幕你就不会上当了。《统计数字会撒谎》的英文原名是《统计如何撒谎》（How to lie with statistics）更确切地说明了，这本书就是要揭示统计数字"科学地"造假的秘密。在前九章中作者揭示了编制统计数字时如何选择有偏向性的样本，精心挑选有利于自己的平均数，故意遗漏某些重要的数字，使用一些容易引起误解的图形，使用相互不匹配的资料，有意曲解相关关系与因果关系，以及有意不正确地使用资料，操纵统计过程。在最后一章，作者告诉我们，在使用统计数字时应该提出五个问题：谁说的，如何知道的，是否遗漏了什么，是否偷换了概念，以及资料是否有意义。由此来判断这些统计数字的可信度。

这本书是近五十年前出版的，今天仍然在被人们阅读，说明统计数字"科学地"造假早已有之，今天仍然盛行，不过手段更为高超了。造假当然有目的，商家在广告中造假是为了欺骗消费者，企业造假是为了利润最大化，官员造假是为了晋升。动机如此之强烈，无怪乎造假的"科学"手法不断创新，以至于有些造假的数字几乎可以乱真，并被反复宣传。

魔术是给人看的，造假能给人带来愉悦。谁都知道是造假，但观看时仍然乐此不疲。但如果把统计数字作为人们作出决策的依据，那造假的恶果就严重了。如果我们把平均收入的大幅度增加作为真的，不去解决现实中低收入者的贫困问题，岂不就实现不了和谐社会吗？在信息不对称的世界上，造假引出的恶果不胜枚举。1958 年"大跃进"中的造假引起了 1959—1962 年的大灾难，这个教训还不深刻吗？当年的造假方式还不是科学的。如今技术的发展使我们能"科学地"造假，而且难以识破，危险岂不更大？可幸的是政府已认识到统计造假的危险性，出台了《统计法》，最近又出台了对造假者严惩的法规。

不过，让公众认识统计造假的手段，不上当受骗也许更为重要。当造假的统计数字没有市场时，造假者也就该收手了。

别把《金瓶梅》当黄书

——《食货金瓶梅》

任何一本鸿篇巨著的小说都反映了一个时代复杂的社会生活，不同的人会从不同的角度去阅读和体会，并获得完全不同的结论。毛泽东从《红楼梦》中看到了阶级斗争，胡适则看到了曹雪芹的身世，而何其芳却看到了封建社会的崩溃，当然还有更多人看到了爱情。连《红楼梦》都如此，何况历史上一直有争议的《金瓶梅》呢。

受国内一些评论的影响，我年轻时也认为《金瓶梅》是一本黄书，而且，我不爱读被删节的书，国内只能找到洁本《金瓶梅》，所以，直到 20 世纪 90 年代去美国才读了全本《金瓶梅》。读过后才知道，《金瓶梅》中"黄"固然是有的，但更多展现的是明代社会经济生活的真实画卷。《金瓶梅》写的是宋代的故事，但反映的却是作者所生活的明代的现实。其描写之真实与细致，令人叹服。当时的冲动是想写一篇《从〈金瓶梅〉看明代商业经济》的文章，可惜冲动过后并没有动手。所以，当我知道侯会教授写出了《食货金瓶梅》之后，异常高兴，马上找了一本来看。

《食货金瓶梅》一书的副标题是"从吃饭穿衣看晚明人性"，并称之为"晚明经济第一奇书"。换言之，这本书是要从明代社会经济生活的角度来评论《金瓶梅》这本名声并不好的书。

明代的商品经济已经有了极大的发展，学者们把明代称为中国资本主义萌芽时期，中国历史上的十大商帮也出现在这一时期。《金瓶梅》并不是要介绍明代商品经济发展的状况，但在真实而细致的生活细节描写中，却反映出了那个时代的经济和生活。我们想知道，在明代，商人是如何赚钱的，他们富起来如何生活，吃什么、住什么、用什么？普通人、下层人民的生活又如何，在这个金钱社会中，人与人之间的勾心斗角等等。这些在《金瓶梅》中都有翔实的描述。我们还想把明代的生活与今天做一个对比，当时的一两银子现在值多少钱，各种东西的物价如何等等。读过《金瓶梅》这一切就都了然于心了。

当然，这些知识在明代经济史专著中也有介绍，但小说与学术著作的不同之处就在于它的趣味性和生动性。我研究商帮文化也知道封建社会中商人靠官商勾结而致富，还总结出了他们与官府勾结的做法。但这些理论上的分析难免是灰色的，而《金瓶梅》中通过西门庆这个案例则使我有了更为深刻的认识。对于明代的经济和人民生活的印象，过去仅仅停留在数字上，而在《金瓶梅》中则如身临其境。

《金瓶梅》洋洋数百万言，要从中去认识明代的经济生活，未免会茫然。《食货金瓶梅》为我们梳理了小说中有关明代经济生活的线索，给出了许多有益的启示。让你从经济的角度读《金瓶梅》时可以按图索骥。

文学评论对读者阅读小说是重要的。如果有人写一本《性学金瓶梅》，我想就会扩大小说中"黄"的一面。作为一种研究也不是不可以写（外国就有这类书），但对普通读者而言，这种书未免有误导之嫌。《食货金瓶梅》则引导我们从更有意义的角度去阅读《金瓶梅》。

文明古国的现代化历程

——《不顾诸神》

印度曾经是四大文明古国之一，如今又是经济发展最快的金砖四国之一。一个文明古国有自己的特殊历史传统，它走向现代化的历程肯定不同于西方国家，会有更多的曲折。它的现代化历程对我们这样的文明古国肯定有更多的借鉴意义。正是在这种意义上，我认为，阅读英国作家爱德华·卢斯写的《不顾诸神》是很有现实意义的。

卢斯先生是《金融时报》的评论员，曾作为该报南亚局主任在印度生活了五年。这五年中，他与印度各阶层的人士都有密切接触，既深入了解了印度的传统，又目睹了印度巨大的变化，并在此基础上用一年时间写成了这本书。这本书的副标题是"现代印度的奇怪崛起"。我想这"奇怪"两字是值得注意的。它表明这本书关注的是印度崛起的独特之处，而这种独特之处也正是我们最关心的。

早在 20 世纪 50 年代初，经济学家就指出，发展中国家现代化的起点是传统社会与现代社会并存的二元社会。资本主义现代化的城市被广大的农村所包围。现代化是由二元化走向一元化的过程，而印度走的正是这一条路。但是，当年经济学家为发展中国家设计这条道路时忽视了不同国家传统的特点，忽略了这些国家现代化进程中的艰难性与复杂性。《不顾诸神》一书正是从这个角度来探讨印度的现代化进程的。

与其他发展中国家相比，作为文明古国的印度有自己更为特殊，且更为顽固的传统。这种传统总体上还是不利于现代化者居多。传统是一种保守的顽固势力，这一点在印度特别突出。种姓制度是印度所特有的，这种人生而不平等的制度把印度分为两个难以融合的社会。有数十种宗教，尤其是印度教与伊斯兰教的冲突，南亚穆斯林分裂，加剧了现代化进程中的冲突。庞大的穷人群体成为现代化的阻力。家族统治使民主政治蒙上了浓厚的封建色彩。但同时也要注意到，英国对印度的殖民也留下了一些有利的遗产，包括制度建设和亲西方的上层精英。这些受西方教育的上层精英成为印度现代化的推动者。

复杂的国情使印度在现代化过程中呈现出相互矛盾的状况。这就是作者所说的"分裂的印度经济"。它有历史悠久的反物质主义宗教文化传统，但在物质财富的增长上让世界瞩目；它有发达的软件业、钢铁业，能制造导弹、核弹，但仍然有世界上最多的穷人，40% 的儿童营养不良；它培养出了科技知识精英，但广大人民仍处于文盲、半文盲状况；它在中产阶级尚不成熟时就建立了民主制度，但等级制度依然盛行，政府腐败。这一切就构成了令人神往而又让人难以捉摸的印度。

　　介绍印度现在是一种世界性时尚，但与车载斗量的论文、专著不同，这是一本新闻叙事性的书。作者是新闻记者出身，文字通畅、活泼，读起来并不枯躁。了解外国还有"他山之石"的意思，津津有味地阅读时，别忘了想想对我们的现代化有什么启示。

学会应对"黑天鹅"

——《黑天鹅》

2007 年的南方雪灾，2008 年的汶川大地震，给我们带来了巨大的损失。这种随机性事件过去有、现在有，将来还会有。如何认识和应对这类事件对我们至关重要。美国学者纳西姆·尼古拉斯·塔勒布的《黑天鹅》一书的副标题就是"如何应对不可预知的未来"。

在 17 世纪之前，欧洲人都相信天鹅是白色的，"黑天鹅"成为人们言谈与写作中的惯用语，指不可能存在的事物。但是 1697 年，人们在澳大利亚发现了黑天鹅，才知道过去的认识是片面的。黑天鹅出现在意料之外，但又给世界以深远的影响。类似黑天鹅这样的事件在历史上层出不穷，甚至改变着世界。作者的出生地黎凡特正是一个由于与黑天鹅类似的事件把一个各教派和平共处的天堂变成了基督徒和穆斯林激烈内战的地狱。近年来，"9·11"事件、东南亚海啸、金融危机都是改变我们生活的黑天鹅事件。这就告诉我们，不能用有限的生活经验和常规思维方法来解释这类黑天鹅事件。如何认识社会的运行方式？如何应对黑天鹅事件？正是《黑天鹅》这本书要告诉我们的。

黑天鹅事件有三个特点：稀有性、冲击性和事后（而不是事前）可预测性。"稀有性"是指它具有无意性，无法预期，"冲击性"是指它会产生极端影响，"事后可预测性"是指人的本性促使我们在事后为它的发生编造理由，似乎它是可解释的和可预测的。这最后一个特点是我们认识的误区。这个误区使人类屡犯错误而不改。

为什么人们会有这个误区呢？塔勒布指出，世界上的事物和现象可以分为两类。一种他称之为"平庸斯坦"，即正常发生的事情。数学家高斯发现的正态分布可以解释这类事情。人们正是从这类事物所具有的正态分布去解释世界，寻找它的规律和秩序。这种思维所形成的传统智慧，使我们往往忽略了黑天鹅事件及其影响。另一种现象和事物他称之为"极端斯坦"，无法用正态分布来预测和解释。人们用"平庸斯坦"的思维方式来解释"极端斯坦"，这就是黑天鹅事件"事后可解释性"的误区。因此，塔勒布提出我们应该有解释"极端斯坦"的"黑天鹅法则"。

"黑天鹅法则"非常重要的一点是，你不知道的事比你知道的事更有意义，甚至"几乎社会生活中的一切都是由极少发生但是影响重大的震动和飞跃主导的"。我们无法预测黑天鹅事件，但是可以利用黑天鹅事件。塔勒布利用股市的黑天鹅事件发了财，他还把他的经历写成《随机致富的傻瓜》这样一本畅销书。他在这本书中总结道，如果专注于所不知道的事，就有许多事情可做。不要担心广为人知的风险，而要担心险恶的隐蔽风险。他行为的准则是"当我受到正面黑天鹅事件影响时，我会非常冒险，这时的失败只有很小的影响；当我有可能受到负面黑天鹅事件的袭击时，我会非常保守"。

各种突发事件给了我们太多的教训。如果我们能冷静下来用"黑天鹅法则"来思考，就可以更好地应对以后可能发生的"黑天鹅事件"。

亲历者说

——《贪婪、欺诈和无知：美国次贷危机真相》

美国的次贷危机已经造成1.2万亿美元的损失，成为美国股市下跌、经济衰退的重要原因之一。这场危机对美国和世界经济的冲击到底有多大，还没有一个人能给出确切的答案。

这样的热点当然是学术界的热门课题。美国和中国都有许多论文与专著出版。在这些著作中美国作者理查德·比特纳的《贪婪、欺诈和无知：美国次贷危机真相》有其特殊的意义，因为作者是这场危机的亲历者。理查德·比特纳在抵押贷款业内工作了14年，亲历了这场危机的全过程。他从业内人士的角度揭开了美国次贷行业的内幕，描述了这个行业形形色色的人物与故事，反映了交易背后的利益勾连，揭示了这场危机的原因和真相。作者并没有深厚的理论功底，论述也不是理论化、模型化的，但他从实践中得出的许多结论对我们认识这场危机更有意义。

这本书的题目《贪婪、欺诈和无知》点出了这场次贷危机的原因。贪婪是人的本性，正是这种本性引起了世间的一切罪恶。在这场次贷危机中始作俑者是房地产抵押贷款机构的贪婪。为了达到贪婪的目的，它们就使用了欺诈的手段。作者通过自己在这一行业的所见、所闻，揭示了许多欺诈的手段，如篡改信用、放大收入、不告知、隐瞒债务数据、识别风险的 AU 系统、多掺点水分等等。房地产抵押贷款正是用这些手段使缺乏信用者获得贷款买房，以便他们从中渔利。

如果仅仅是这一步，倒霉的也不会是整个美国经济，只能是房地产抵押贷款者。但贪婪是一切人的本性。华尔街的评级机构和投资机构共同决定次级贷款市场房地产抵押贷款的市场化，即通过各种金融衍生工具在证券市场上流通。如果房地产价格一直上升，这个游戏可以做下去，但房地产价格下跌使次级贷款者无力偿还，这时次贷危机就发生了。华尔街和评级机构的贪婪和无知使一场局部危机（房地产抵押贷款机构的危机）演化为一场全面危机。

贪婪是无法克服的人性，而且，在现代经济分为虚拟经济与实物经济两个部分时，各种金融衍生工具的出现又为贪婪的实现提供了方便的工具。当然，我们绝不是说要封杀虚拟经济和金融衍生工具，因为它们有促进经济繁荣的积极作用。但要学会运用和管理虚拟经济及金融衍生工具。这就需要我们从"无知"变为"有知"，以限制由贪婪本性而引起的各种欺诈活动。

据我所知，作者并不是中国经济专家。但本书的最后一章却是"次贷危机离中国有多远"。这一章反驳了次贷危机与中国无关的观点，指出"一旦美国经济严重衰退，中国经济有可能将承受适度甚至更重的金融影响"。这种影响包括两个方面。一是"中资银行因购买美国次级贷款抵押债券而导致的潜在损失",二是"中国抵押贷款市场"可以从"美国次贷危机中吸取的教训"。我想,作者在年初指出的这些影响现在正日益显示出来。

在全球一体化的今天,美国的事,我们不能隔岸观火。读这本书你会深切感受到这一点。

看

书

吃巧克力，学经济学

——《巧克力经济学》

给女儿一块巧克力，让她身体健康。给女儿一堂像巧克力一样的经济学课，可以让她一生成功。这本法国经济学家安德烈·傅颂写的《巧克力经济学》的原名就是《写给我女儿的经济学》。

父亲给女儿讲经济学是为了让她有成功的人生。经济学和人生成功的第一课是"自助，然后天助"。这就是说，人生的成功取决于自己，自己努力才有"天助"。自己努力要能成功必须有正确思想的指导。这种正确的思想就是正确认识世界，作出理性决策，以最小的努力获得最大的成功的方法。这种正确的思想不是天生就有的，要靠后天的学习。人生的经历当然是学习过程，但人不可能事事亲身实践，学习各种理论和知识也极为重要。经济学是一门学以致用的科学，它总结了人类成功的经验，也是认识世界，指导个人决策的工具。给女儿学经济学正是为了让她更好地"自助"。其实，每个人都要"自助"，因此，每个人都应该学一点经济学。从这种意义上看，这本书不仅是写给女儿一代人，甚至是给所有人的。

经济学的许多道理是来自现实生活的，但经过学者总结上升为理论之后，就太抽象了。让普通者比如像作者女儿这样的孩子，去读那些满是图形和数学公式的书，他们肯定无法接受，读不懂，懂了也不知道有什么用。或者说，这样的经济学并不甜。要让女儿读经济学像吃巧克力一样高兴，就要采用有趣而通俗的方式。这就决定了这是一本既有趣又通俗的书，可以像吃巧克力一样去读，并且在不知不觉中轻轻松松地获得"自助"所需要的知识。

通俗经济学读物非常多，但各有各的特色，适应了不同读者的需求。这本书不是从身边的现象介绍其中的经济学道理，也不是经济学的案例分析版。这本书想让你对整个经济学有一个大致的了解。它从边际效用递减，供求规律这些最基本的原理出发，介绍一些重要学者的重要思想，而且重点是在宏观经济方面，包括通货膨胀、货币与银行、利率与金融市场、经济增长、失业、国际经济学、政府与市场。最后一部分"与生活相关的经济学"是用经济学方法分析婚姻和犯罪问题。在介绍宏观经济知识时包括了凯恩斯主义、货币主义和理性预期学派的观点，甚至还有 2006 年获得诺贝尔经济学奖的费尔普斯的观点。这些内容的介绍篇幅并不长，但颇为精练、简洁。

几乎所有经济学家都强调过，学习经济学关键是学习经济学的思维方式，即能够像经济学家一样思考。本书同样也重视这个问题。作者在第一章中介绍"理性的帝国主义"时就说明了本书是"你绝佳的自救工具"，目的是"让你的判断力更加敏锐、观察力更加犀利"。在第二章又特别强调了经济学把复杂的事情简单化的作用。这也是读者在阅读时的指南。按这个原则去学，你读书之后就不是只剩下一堆陌生的概念或理论，而是知道如何用这些概念和理论去分析你所遇到的各种问题。

这本书在 2006 年出版之后受到广泛欢迎，至今已有二十多种文字的译本，在台湾知识流推出了该书中文繁体字版之后，人民大学出版社又推出了中文简体字版。但这本简体版并不是繁体字版的翻印，而是另一个更适于大陆阅读的中文版。希望读者能从这本书中找到经济学的乐趣，也许你不会成为专业经济学工作者，但完全可以做经济学的票友。

解释非理性行为

——《怪诞行为学》

那是三十多年前，我在东北林区工作。有一天，当地商店的经理来找我说："咱们店里有一批白糖卖不出，眼看快到夏天了，再卖不出去就要变质。你是学经济的，能不能给我想个办法？"我知道，虽然当年物质短缺，"要嘛没嘛"，但林业局用木材换了不少白糖，当地人吃糖不多，糖并不缺。我想了想告诉他，你在商店门口贴个告示，写上"本店新进白糖一批，每户限购2斤，凭本购买，欲购从速，过时不候"。告示贴上之后不久，白糖就卖完了，甚至还有人求他多批几斤。

读完《怪诞行为学》我才知道，其实我是做了一个行为经济学的试验。在不缺白糖的情况下，夏天之前买白糖并不理性。但在物质短缺的格局下，人们总喜欢储备物品

（当时我管家，各种短缺的物品，如白糖、肥皂、洗衣粉等都有为数不少的储备）。讲自由购买，他会觉得供给多，不购买，讲凭本限购，他就会觉得供给有限，即使不需要也要买，何况可以凭本买是一种权利，放弃这种利权是一种损失。把滞销的东西作为限量购买的东西，人们就会有这种非理性的购买行为。《怪诞行为学》也提到了类似的事例。

经济学总是假设人是理性的，会自觉不自觉地按成本－收益原则来行事。绝大多数人正常情况下也的确如此。但这个世界上还有大量用理性经济学原理无法解释的现象。例如，一个青年人原本希望三年内拿到 10 万元年薪，结果三年内达到年薪 30 万，可是为什么当他知道他的同学年薪 31 万时，自己却对年薪不满意了？一种无人过问的黑珍珠，为什么当与其他价格高昂的珠宝放在一起时，就突然变得身价数十倍？人们为什么愿意接受自己毫无用处的赠品？甚至为此花很大力气去抢或者排队？为什么人们不拿钱干活高兴，干活挣钱反而不高兴？为什么兴奋时会选择一些极危险的行为？为什么我们总是"言而无信"，做不到许多该做，而且自己承诺过的事情？为什么我们会高估自己的一切？为什么面临多种选择时，我们反而会迷失主要目标？相同的阿司匹林，为什么 50 美分的管用，1 美分的就不管用？等等。

行为经济学正是要解释这些问题的。行为经济学是从心理学的角度来解释人的行为的，是心理学与经济学的结合。它对人类各种行为的解释比传统的经济学更微妙、更复杂、也更现实。经济学的成本－收益原理解释不了上述各种奇怪的现象，但行为经济学给出了我们令人满意的答案。行为经济学要通过大量的试验来证明自己的结论，因此又被称为实验经济学。对这门学科作出贡献的马修·拉宾（Matthew Rabin）获得 2001 年美国经济学会颁发的克拉克奖，而对这门学科作出开拓性贡献的美国普林斯顿大学教授丹尼尔·卡尼曼（Daniel Kahneman）和乔治－梅森大学教授弗农·史密斯（Vernonl smith）则获得 2002 年诺贝尔经济学奖（他们已超过获得克拉克奖的年龄限制 40 岁）。诺奖委员会对他们的评价是"把心理学研究和经济学研究有效地结合，从而解释了在不确定条件下如何决策"以及"发展了一整套实验研究方法，尤其是在实验室里研究市场机制的选择性方面"。

我们在现实生活中也有大量非理性现象，尤其在不确定的转型时期，这种现象更多。如股市的暴涨和暴跌，房市的暴涨和暴跌，自杀人数的增加等等。因此，行为经济学对转型的中国不仅有理论意义，而且有更多的现实意义。但是，要让普通人去读卡尼曼和史密斯的原著和论文，还是太难了，甚至连中国学者写的介绍行为经济学的著作（例如董志勇编著的《行为经济学》），也难以读下去。但是，每一个人都可以轻松地读完《怪诞行为学》。

《怪诞行为学》的英文原文是"Predictably Irrational：The Hidden Foras That Shape Our Decisions"，直译出来是"可预期的非理性：形成我们决策的背后力量"，能更确切地反映出这本书的内容，当然改译之后也不失原意，而又能吸引眼球。这本书用实验的方法解释了各种我们司空见惯而又不能解释的现象。它并不是一本介绍行为经济学的纯理论或学术著作。它从我们常见的一些现象入手来介绍行为经济学的基础内容与方法，读起来妙趣横生。读完之后，你会觉得自己对人类行为的理解进入了一个新的认识领域。它兼备了畅销书的知识性和趣味性，译文也颇为准确、通畅。

许多人都喜欢在机场买一本闲书看。当然，你可以选择《驻京办主任》之类的反腐小说，也可以选择《鬼吹灯》之类的盗墓小说，还可以选择《暗算》之类的反特小说。现在我要建议你选择一本《怪诞行为学》这样的经济学普及作品，一定会收获更大，而且读起来比那些书更有趣。